U0077092

富足一生的
理財必修課

從小資存錢到財產傳承的完整規畫

廖義榮◎著

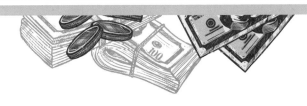

【第 3 章】

結婚》共創夫妻雙贏

【第 4 章】

生子》傳承理財觀念

【第 5 章】
老後》安度晚年生活

自序
推廣財務規畫是我的使命

　　人一輩子的工作有時候是帶一點機緣跟巧合的，我在大學念的是農學院的科系，沒想到畢業之後，從事的卻是電腦資訊業的工作。我曾經是宏碁（2353）電腦 OEM（貼牌製造，又稱原始設備製造商）外銷部門的業務，後來也自己跑去開一家貿易公司，出口電腦到蘇聯（編按：即目前的俄羅斯）。

　　有一次，一位外國客戶問我說：「你是工程師嗎？」我回答：「不是，我是業務，並不是工程背景出身的。」他又問：「那你怎麼對電腦解釋得那麼清楚？」我笑笑說：「因為我滿認真學習的。」

　　還有另一次，我們公司出口產品到荷蘭的一家公司，但是電腦主機板故障，於是我就特地飛過去，替客戶一片片修理。由

此可見，人的潛能其實是無限的，即使是農業背景出身，靠自己的努力也能夠在工程界闖出一片天。

不過後來因為蘇聯解體，貿易公司的生意不能繼續做，於是我就選擇轉行，進入壽險業做業務，一做就是 10 幾年。但是做久了之後，一再重複的工作內容，讓我覺得沒有什麼成長學習的空間。正好在 2004 年，國際 CFP®（認證理財規劃顧問，又稱金融理財師）這個證照引進到台灣來考試，這讓我看到一個新的成長契機。

因為保險規畫只是財務規畫中的一個環節，而 CFP® 標榜「為客戶提供完整規畫、以客戶利益為主」的理念吸引了我，從事「獨立財務規劃顧問（IFA）」的工作，看起來也滿富挑戰性的。於是 2004 年我就開始去考 CFP® 證照，一直到 2007 年考完後沒多久，我就離開了保險公司，出來做 IFA 的工作。不過一開始，其實我對 IFA 這個工作沒有多深刻的感覺，直到 2008 年金融海嘯之後，我的想法才開始轉變。

當時有一位客戶，因為買了連動債的商品，資產已經虧損了 80%，他要求我去幫忙。後來我陪著他去找銀行經理，去談如

何解決他的問題。那時候才發現到一個問題，我們的金融業其實只是在做推銷，金融從業人員可能連他們賣的是什麼東西都不知道。因為那個連動債商品，在銀行給客戶的說明文件上清楚寫著：「本商品只適合法人購買、不適合銷售給個人。」銀行本身也沒注意到商品可能會有的風險，就拿來當固定配息的商品推銷給客戶。消費者更是可憐，他們的資訊有限，也無從去判斷商品的好壞，只是因為聽信金融從業人員的話術，然後就購買了。

接連碰到一些有類似問題的客戶，讓我覺得，我們的金融業是非常需要被改變的。在金融業追求利潤的前提下，不應該一直在銷售商品，卻很少去關心客戶的權益需求；另外，金融業其實應該要主動告知客戶可能的風險在哪裡。商品銷售的前提應該是先了解客戶的需求、財務狀況等之後，再用合適的商品去滿足客戶的需求，而這些就是 IFA 在為客戶做的。

了解到金融業以推銷為主軸的服務模式，無法滿足客戶的需求後，慢慢地，我對做 IFA 工作的價值有了更深的體會，於是更深入去研究、探討相關的專業。我身邊有一群和我一樣的人，對 IFA 這個行業沒有太多認識就一頭栽進來，最後變成

是把推廣財務規畫當作我的使命。

之後，在因緣巧合之下，朋友引薦我在《今周刊》開始寫理財規畫相關的專欄，後來又轉到《商周財富網》撰寫文章。就這樣，每天早起固定會做的事情就是寫文章，時間過得很快，一轉眼，居然已經寫 6 年了。寫文章本身其實是件苦差事，當看了諸多文章卻找不到一個靈感當題目的時候；當面對諸多複雜的資訊，必須把它整合成一般消費者看得懂的文章的時候……，凡此種種，都是寫文章常碰到的事。

但是當我看到文章才剛發布沒多久，閱覽人數就數萬人；或者有時候一篇文章加上其他媒體的推播，閱覽過的人數都有幾十萬人時，對於能夠這樣散播正確的理財觀念跟知識給許多人，就會覺得再辛苦都值得了。由於我的文章讀者範圍很廣，涵蓋了小資族、中產家庭、高資產族群等，許多人看了文章以後，都來找我幫他們做財務規畫，次數一多，也讓我逐漸累積出滿多財務規畫相關的經驗。

而我之所以會想寫《富足一生的理財必修課：從小資存錢到財產傳承的完整規畫》這本書，主要目的也是希望把我這幾年

寫的文章整理起來，供讀者使用。網路上閱讀文章也許方便，但是和讀一本實體書不同之處在於，書會更有架構、有邏輯，它會引發你去思考，而不只是片段地去看網路上的資訊而已。

根據我多年擔任 IFA 的經驗來看，人一生的財務規畫絕對不是只有數據而已，它牽涉到法律、保險、信託、投資等問題，這些觀念在本書中都會有相對應的文章。當你靜下心來，花一點時間看看這本書，也許能夠讓你重新思考一下，人生各個階段中可能以前沒注意到的議題。

如果你能跳脫單純購買商品的思維，自主去思考自己的需求，以及財務目標，有需要時也願意尋求財務顧問的協助，將能更有效率地運用自己的財務資源，完成人生各階段的目標。

如果不被金融業無所不在的銷售話術所迷惑，願意從自己的需求出發，客觀地去看你整體需要的財務規畫是什麼？然後挑選適當的金融工具進行規畫，相信在理財的路上，你可以少走很多冤枉路。

最後，也期待 IFA 這個行業，在台灣能夠更加普及，讓更

多人願意投入這工作，幫助更多社會大眾為自己個人及家庭做好理財的工作。

　　若大家有任何財務相關的問題，都可透過 Email（ifa8862@gmail.com）與我聯絡。祝大家都能夠擁有完整的理財規畫，順利達成自己設定的財務目標。

廖義榮

單身

Chapter **01**

實踐財務理想

1-1
具備理財素養
才能在財務上持盈保泰

最近看到一篇 2019 年的文章〈美國人卡債飆 1 兆美元 政府出手救理財素養〉（詳見文末 tips 網址或 QR Code）， 在討論「理財素養」（Financial Literacy），文中說，大多數 的美國人不知道如何管理手上的錢，然而情況有多嚴重呢？

根據全美理財教育協會（NFEC）一項針對全美 50 州、1 萬 7,000 人進行的理財能力測驗，30 題測驗中，題目包括 建立預算、支付帳單、設定財務目標與其他個人理財的主題， 結果只有近半數（48%）受測者合格，所有答題者的正確率 為 63%。

文中以「美國人不少月光族負債累累，理財素養很差，從

NFEC 這項測驗只有 48% 受測者合格可見一斑」。不過深入研究，我發現這個測驗如果拿來測試國人，恐怕成績也不會好到哪裡去，因為這些問題還真的是有相當的困難度。在 NFEC 網站上公布的最近數字是：58% 受測者全答對，所有受測者的平均是 68%（數字可能因時間點不同會有變動）。

首先 NFEC 到底是什麼公司？NFEC 是一家社會企業，在它們的網站上說它們希望打造一個世人可做出好的財務決策，因此可改善他們與所愛的人的生活，以及他們所能影響到的人，這家公司可為想要做財務教育的人提供資源訓練等。

在 NFEC 網站上提供一些有關財務的測驗，其中一個是「全國財務能力測試」（National Financial Capability Test，詳見文末 tips 網址或 QR Code），也就是前面的報導中所提到的理財素養測驗。它的題目包括以下主題：財務心理學、貸款與債務、預算、創業精神、帳戶管理、經濟與政府影響、工作與職涯、風險管理與保險、信用狀態、投資與個人財務規畫。

全部共 30 題，如果你有興趣可以上去測試一下。以下我們舉出其中的 8 題，讓你知道它到底在測試什麼（詳見表 1）。

表1 理財素養測驗包含財務心理學等主題

1.很多社會名流、職業選手、企業家等，他們能夠過自己想要的生活，因為他們有個人目標，會去追求專業上的成就，為什麼這些成功人士會訂定目標？	
A	訂定目標讓他們可以去衡量進度（完成他們想要完成的成就，或是想追求的生活型態的改變）
B	訂定目標給他們一個方向
C	訂定目標讓他們可以有機會跟他人炫耀
D	A跟B都對
2.我現在該如何開始設定我的個人目標？	
A	夢想思考、研究什麼是你想要的生活型態，把這些想法寫下來
B	把以前的成就依時間軸整理出來
C	做一個資料夾，把學校及課外活動整理出來
D	B跟C都對
3.下列哪2個是好的建議，可以建立及維持一個好的信用評等？	
A	把錢存到儲蓄戶頭、避免身分被盜用
B	降低你的負債、還款都可以即時付款
C	做一個安全的投資，以及有個清楚的財務目標
D	以上皆非
4.下列何者是我開始建立信用的最安全步驟？	
A	取得信用卡，或是學貸準時付帳單
B	建立一個信用計畫，包括編預算、設置緊急預備金，以及如果有借款時萬一發生變化，會提供還款的備胎還款計畫
C	從信用卡借錢出來，把錢拿去儲蓄以賺取利息
D	B跟C都對

註：答案為 1.D、2.A、3.B、4.B、5.D、6.C（利用 Excel 公式「FV」計算：226 萬 5,565 元）、7.D、8.E

——NFEC「全國財務能力測試」其中8題

5.如何讓我的財務自動化，節省我的時間、保護我的信用，讓我可以賺更多錢？	
A	讓我的帳單都自動支付掉，可以讓我少花時間在計算。準時付清帳單能夠保護我的信用，能夠從我的薪水戶頭直接去做存款的話，它能夠讓我賺到更多利息
B	財務自動化不能夠保護你的信用，也不能讓你賺更多錢
C	把你自己所有的帳戶集中在一個地方，這樣可以讓你更容易檢視，及知道更新的狀態
D	A跟C都對

6.如果我在21歲時每個月存100元，年報酬率7%，經過了70年我會有多少錢？	
A	13萬8,957元
B	介於15萬元及22萬5,000元之間，看這人壽命多長而定
C	多於150萬元
D	以上皆非

7.如果沒有一個書面的長期財務規畫，我可能會遭遇到什麼狀況？	
A	退休後把錢花光，被迫必須重新再去工作
B	沒辦法去享受做你要做的事情
C	有選擇自己想要的生活方式的自由
D	A跟B都對

8.投資時最糟可能會碰到什麼情況？	
A	投資在股票的錢全虧光，投資不動產可能損失比本金更多的錢
B	損失控制在20%以內，所以投資1,000元，最多虧損200元
C	投資的不動產缺乏流動性，你賣不掉
D	因為世界另一頭的小國家發生事情，你的股票隔天就變得毫無價值了
E	A、C跟D都對

資料來源：NFEC網站

理財素養是在金錢上可以做出明智決定的能力

何謂理財素養？指的是你有金融理財相關的知識，它讓你能夠正確管理金錢，在理財、投資、財務規畫各方面做好管理，維持自己的財務健全，也能完成人生各個階段的財務目標。它讓你擁有知識及能力，可以有效率地運用財務資源，完成個人與家庭的財務目標，讓你在金錢上可以做出明智決定的能力。

結果 NFEC 網站指出：受測人最常答錯的 3 題是第 2、4、6 題，從這些題目你也可看出，它是有相當難度的，因此所有答題者的正確率為 63% 很正常。

必備理財素養有 3 大好處

理財素養可說是人人都需必備的能力，它對你會有何好處？

好處 1》懂得利用財務規畫來安排自己的人生

財務規畫的能力是你知道要為未來做準備，因此你會知道不能把錢都花光，要為未來預做準備。因此你會運用記帳、了解自己的收支、知道錢都花去哪裡了、把自己收入的一部分存下

來，進行儲蓄、投資。你會知道自己未來想要過什麼樣的生活，因此你設定財務目標，利用儲蓄、投資為完成目標做準備，你會知道如何更有效率地運用自己的財務資源。

只要努力，你未來將可以過一個你滿意的人生，不用跟人家做比較，誰的車子好、房子大？而是衡量自己的能力，善用財務資源，累積自己的資產，完成自己的目標。工作上也提升自己的職場競爭力等，來改善自己的收入，你會知道人生其實可以規畫。

好處 2》了解金融常識及投資風險，不盲目投資

如果你對金融常識有基本的認知，知道金融工具的投資成本、風險屬性等，若碰到金融從業人員拿著預定利率 2.5% 的商品，告訴你每年報酬率是 2.5%，比定存高很多，你會知道他的專業跟誠信有問題，因為預定利率並不等於實質報酬率。

你會知道投資需要一些專業知識，你不會花大把錢去上選股、選擇權、外匯操作、集資買房當二房東等課程，期望自己每天花一點時間就能變成投資專家，創造出被動收入等。你會知道其實很多專家只是在靠賣課程賺錢，真的要你照著做，可

能不見得會有多好的投資報酬。

當然也有好的課程及專業講師，但是只能說市場上太多人以快速致富、沒有風險、穩定獲利的方式蠱惑投資人，真正專業扎實的課程可能就少人問津了。與其花了大把金錢與時間來研究投資，倒不如把投資交給 1 位專業人士管理，你好好學習鑽研工作上的專業、爭取加薪、晉升等，可能對你提升收入會有更好的效果。

好處 3》不中圈套，避免投資虧損

總有那麼一批人，在銷售一些沒有合法設立、登記的商品，以高額報酬吸引投資人，報章媒體時常會出現某某詐騙集團，又用黃金、期貨、外匯等投資，誘騙了投資人幾十億元、上百億元等。

當你具備理財素養時，你可以判斷：銷售人員講的投資報酬率合理嗎？這家公司背景如何？它是合法設立的公司嗎？即使沒有在台灣設立據點，它在國外是合法經營的公司嗎？產品風險會在哪裡？之前爆出檢調取締富南斯集團，該公司表面在推銷投資美國股票的套裝課程，實際卻以「未來是靠 AI 幫人類

賺錢的時代」為號召，吸引客戶投資。它們以「每個月會還你 8% 本金＋ 8% 利息」為號召，但是現在定存利率還不到 1%，這樣的投資報酬率明顯就非常不合理，不過它們還是吸金 30 億元。即使該公司常舉辦熱鬧非凡的表揚大會，甚至請天后張惠妹獻唱，連 F1 賽車車身上都能看到該公司的 logo。你不會只看表面，而會從根本上去判斷這些是正常的投資，還是只是詐騙。

理財素養讓你在財務上能夠持盈保泰，讓你做好理財，讓自己的財務維持健康的狀態。你會明白理財跟投機的差別，理財是你知道如何以穩定、長期的投資，從市場上賺得合理的報酬，因此運用資產配置，以分散風險，並不會貿然做高風險的投資。理財素養讓你有能力處理財務上的問題，維持良好信用，收入支出維持平衡，不背負不良負債，善加利用金融投資工具以累積資產，完成人生目標等。

遺憾的是，在升學主義掛帥的環境下，培養理財素養的財商教育不被受到重視，學校不教這方面的課程。因此可能讓不少人掙扎於財務透支、背負債務、成為月光族等存不下錢的窘境，或是急於短期致富，把投機跟理財畫上等號。連金融主管

機關為了活化股市,都可以大肆宣傳,鼓勵沒錢的年輕人,沒錢買股票可以用權證以小搏大。事實上,權證的漲跌幅,比股票的漲跌幅高出許多,賺錢速度快;相對地,賠錢速度也很快,從這裡可看出我們有多麼缺乏理財素養。

如果你理解財商教育、理財素養對 1 個人的重要性,你可以多接觸這方面的資訊,國內幾個機構都在推廣正確的理財觀念,可以參考以下幾個機構。其中之一的「社團法人台灣理財顧問認證協會」,成立目的是為了提升國內金融從業人員有關理財規畫顧問服務的專業水準,該協會在 2004 年引進「認證理財規劃顧問」(Certified Financial Planner,CFP®)國際證照制度。目前國內也有超過 2,000 名的 CFP® 持證人,他們在理財上都具有相當的專業。

對於理財素養有興趣的人,可以參考「社團法人台灣理財顧問認證協會」和「台灣理財規劃產業發展促進會」(TFPA),或者在我和夥伴架設的網站「明智理財網」上,我們也提供了理財規畫相關資訊(詳見文末 tips 網址或 QR Code)。另外,閱讀本書也是不錯的方式,我會在後面各章一一闡明大家在人生各個不同階段,所需要的理財素養。

☀tips 相關網站資訊

網站	網址	QR Code
〈美國人卡債飆1兆美元政府出手救理財素養〉	www.cna.com.tw/topic/newsworld/132/201910310005.aspx	
全國財務能力測試（National Financial Capability Test）	www.financialeducatorscouncil.org/financial-literacy-test/	
社團法人台灣理財顧問認證協會	www.fpat.org.tw/	
台灣理財規劃產業發展促進會（TFPA）	www.cfp-tfpa.org.tw/	
明智理財網	ifa-cfpsite.com/	

1-2
強化 8 大金融知識
做好理財規畫

標準普爾公司（S&P）曾經在 2014 年，針對全世界 140 個國家、15 萬人做了一項金融知識調查（S&P Global FinLit Survey，詳見文末 tips 網址或 QR Code）。這個調查詢問了在做財務決策時的 4 項最基本的常識：利率、複利、通膨、風險分散，調查結果顯示，全世界平均只有 1/3 的人財務知識合格。

忽略金融知識的重要性，會導致消費者無法理解複利的概念，因此花了更多轉換成本、手續費，欠下債務及貸款，付出更多利息，最終導致花多存少。

具備金融知識的人通常有較好的財務技能，可以把工作規畫

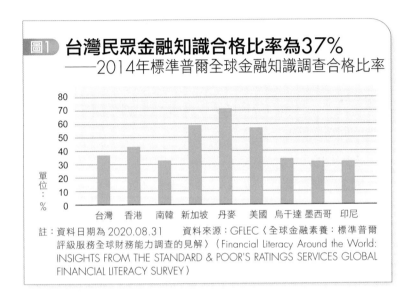

圖1 台灣民眾金融知識合格比率為37%
──2014年標準普爾全球金融知識調查合格比率

單位：%

註：資料日期為2020.08.31　資料來源：GFLEC〈全球金融素養：標準普爾評級服務全球財務能力調查的見解〉（Financial Literacy Around the World: INSIGHTS FROM THE STANDARD & POOR'S RATINGS SERVICES GLOBAL FINANCIAL LITERACY SURVEY）

好及為退休做好準備，而懂得做投資的人，往往可分散風險，投資於不同類別風險性標的上，讓自己的投資更為穩健。

這項調查的全球平均數據是 33%，台灣的數據是多少呢？答案是 37%，竟然只比平均值高了一點點而已！台灣民眾的金融知識合格比率，居然落後已開發國家一大截，而且跟歐美國家分數有不小的差距，從這裡可以知道，台灣民眾的金融教育真的需要再加強（詳見圖 1）。

關於標準普爾公司這項調查的定義：如果 4 個觀念，至少可以答對 3 個，即為金融知識合格，全球有 33% 的人合格，這表示說全球還有 35 億人（多數在開發中國家）金融知識不合格。另外，歐洲的合格比率相當高，平均有 52%。這 4 個觀念的問題與答案詳見表 1。

美國金融業監管局（FINRA）基金會及 ARC 研究機構（ARC Research）在 2018 年也有做一項全國金融能力調查，這項調查指出有 53% 的美國人，談到個人財務就覺有莫大的壓力，44% 的人覺得討論財務馬上讓他們壓力上身。

這個調查希望提升金融知識水準，而哪些金融知識是必要的？主要有下列幾項：

知識 1》賺錢：分配薪資，維持收支平衡

人生分 2 個階段：可工作賺錢的累積期，以及沒工作退休後的花費期。為了應付退休後沒有工作收入的退休期，我們必須在有工作收入期間，好好運用一部分收入儲蓄、投資，讓我們在退休後可以在這投資金額中，提領部分出來作為退休生活

表1 答對3個以上的觀念，即為金融知識合格
——2014年標準普爾全球金融知識調查4觀念

觀念	問題與答案		
	◎假設你有一些錢，怎麼做會比較安全？		
	A 做一項生意或投資		B 做多項生意或投資
	C 不知道		D 拒絕回答
1.分散風險	答：（B）做多項生意或投資。「雞蛋不要放在同一個籃子裡」這道理大家都懂，但是碰到投資，可能就很少會去考慮到風險分散。例如投資買個股可能報酬會比較好，但是風險也高，就好像你去買台積電（2330）、鴻海（2317）的股票，行情好時也許賺比較多，但是下跌會賠得比較慘，風險絕對比你去買元大台灣50（0050）要高許多。因此，把錢用來做多項生意或是投資，會比把錢用來做一項生意或投資，風險來得低		
	◎如果接下來的10年，你買的東西價錢漲了1倍，你的收入也同樣增加1倍，你可以買的東西將會比今天買得少，或是比今天多？		
	A 比較少		B 一樣
	C 比較多		D 不知道
2.通貨膨脹	E 拒絕回答		
	（B）一樣。通貨膨脹（簡稱通膨）代表的就是物價變貴，也就是同樣的錢，可以買的東西變少了，這就是你的購買力下降了。如果通膨每年3%，物價每年上升3%，10年後原本100元的東西，你要花134元（＝100×(1+3%)^10）才能買到，因為通膨跟收入成長幅度一樣，所以可以買的東西一樣多		

接續
下頁

觀念	問題與答案	
3.利息	◎如果你跟人家借100元,哪一種還錢法可以還比較少錢?	
	A　105元	B　100元加3%
	C　不知道	D　拒絕回答
	答:(B)100元加3%。利息的算法有單利、複利2種,例如借100元,年利率3%,如果是單利算法,每年利息固定是3元(=100×3%)。複利是利息如果沒還,會累加進去算利息,如第1年是3元(=100×3%),若第1年利息沒還,則第2年利息算法是3.09元(=(100+3)×3%)。依此類推,之後每年會一直累加計算利息。現在金融業的利息,多數是以複利計算。就此題而言,100元+3%=103元,自然就比105元少了	
4.複利利息	①如果你把錢放在銀行2年,銀行同意每年付你15%利息。在第2年時,你戶頭中的錢會產生什麼變化?	
	A　比較多	B　一樣
	C　不知道	D　拒絕回答
	答:(A)比較多。現在金融業的利息,多數是用複利計算。複利的算法是,利息如果沒還,會累加進去算利息。因此,假設你把100元放在銀行2年,銀行同意每年付你15%利息,則第1年利息是15元(=100×15%),第2年銀行算利息時,會把第1年的利息加入計算,這時利息會是17.25元(=(100+15)×15%)。由此可知,銀行第2年給的利息是17.25元,比第1年15元利息多	
	②你把100元放在銀行,銀行同意每年付你10%利息,如果你的錢都放在銀行不動,5年後你會有多少錢?	
	A　比150元多	B　正好是150元
	C　比150元少	D　不知道
	E　拒絕回答	
	答:(A)比150元多。此題同樣是以複利計算,將100元放在銀行,以年利率10%來看,5年後,總共會有161元(=100×(1+10%)^5),因此161元比150元多	

資料來源:GFLEC

之用。

　這段期間我們要管理支出、控制債務，不要讓債務過高，讓利息吃掉收入，也避免因為支付過多利息，無法好好享受生活。在所有商業活動都鼓勵你借錢、欠債時，你要知道各種欠債，利息通常都很高，因此如何做好財務規畫，過著財務健全、收支平衡的生活很重要。

知識 2》消費：搞懂車貸、信用卡費付出的利息

　消費模式很多樣，有人是不敢多消費、賺的錢盡量存下來；有人是利用借貸、分期付款等即時享樂。但是如何在享樂及為未來做儲蓄中間取得平衡，必須留意你的花費是否合理，是否付出太多成本。

　例如買車，車貸 80 萬元、利率 7%，貸款 5 年每月付 1 萬5,841 元，算下來，5 年總共付了 95 萬 460 元，你為了這輛車子付出的利息高達 15 萬 460 元。

　信用卡循環信用利率 15%，當你收到信用卡帳單時，如果

你都是以「最低應繳金額」來繳款，不管金額是多少，你可能會以為那筆錢是完全拿來「清償」信用卡未還的餘款。

但實際上，在所繳交的錢中，償還原來未還部分本金的只有5%，加上當月新增消費金額的10%，其餘都是循環信用利息，加上逾期手續費等。當月新增的消費金額，到了下個月也是只有還本金的5%而已，因此你如果一直用信用卡在透支消費，你可能永遠存不到錢。

知識 3》儲蓄：利率代表儲蓄時成長的幅度

不管投資、儲蓄或借貸，都會牽涉到利率的多寡。利率代表儲蓄時成長的幅度，也可以是借貸的成本，當你借貸時，利率高低就是你借錢的成本。你需要知道的是，所有的借貸（包含信用貸款、房屋貸款、信用卡未繳清的欠費等），它們計算利率的方式，都是用複利計算。

知名物理學家愛因斯坦（Albert Einstein）說：「人類最偉大的發明是複利。」什麼是複利計算？如果你借了100元，利率10%，複利是利上加利息滾入本金計算。

假設借 100 元利率 10%，1 年後本金加利息：110 元（＝ 100×（1 ＋ 10%）），第 2 年 121 元（＝ 100×（1 ＋ 10%）×（1 ＋ 10%）），用複利方式計算，利息的增加相當快。

知識 4》投資：生息資產應占總資產 50% 以上

如果問你以下問題：你的錢存在銀行，定存利率 1%、通膨率 3%。經過 10 年後，你用這筆錢可以買到的東西會比現在多？跟現在一樣？還是比現在少？

如果通膨率是 3%，100 元 10 年後會變成 134 元（＝ 100×（1 ＋ 3%）^10）；銀行定存利率 1%，100 元 10 年後會變成 110 元（＝ 100×（1 ＋ 1%）^10）。

所以你錢存銀行還趕不上通膨物價上漲的變化，你的錢將因為購買力下降而相對貶值了，所以你可以知道，為什麼你錢不能只放在銀行，必須要拿出部分來投資了。

不過投資工具有很多種，從風險最低的定存，到高風險的創

投基金等都有。一般人比較多的選擇是中度風險的基金、債券等投資，如果要投資，你就必須知道不同投資標的的特性、風險屬性等，去找出適合自己的投資組合（詳見圖２）。

在財務規畫上，可以把資產分為生息資產與非生息資產。生息資產如基金、股票等，它們會產生配息、股價淨值增長等，會產生報酬；另一類如自住的房子，沒有賣掉會產生折舊，除非賣掉賺錢否則不會有任何報酬產生，汽車也是一交車後就開始折舊，還要維修等。

如果個人或家庭的資產全部來自於固定收入（薪資等），沒有理財投資的收入，則可能是完全沒有在投資，沒有讓收入的一部分，可以因為投資產生報酬。所以資產類別比率中，有多少比重是屬於生息資產？也是理財上需要考量的部分。

一般我們（編按：指作者與其他 CFP® 共同經營的「明智理財網」，以下同）是這樣替客戶做建議：①生息資產低於 30%，屬於不良，亟須改善狀態；②生息資產高於 30%，但低於 50%，狀態尚可，可考量如何改善；③高於 50%，狀態良好。

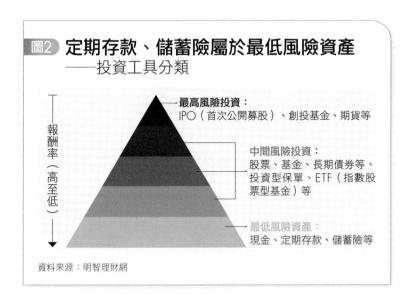

圖2 定期存款、儲蓄險屬於最低風險資產
——投資工具分類

報酬率（高至低）

最高風險投資：
IPO（首次公開募股）、創投基金、期貨等

中間風險投資：
股票、基金、長期債券等、
投資型保單、ETF（指數股
票型基金）等

最低風險資產：
現金、定期存款、儲蓄險等

資料來源：明智理財網

知識 5》借貸／負債管理：負債比率 < 30%

借貸與負債一般需要償還本金與利息，如果這部分的支出占每月支出的比率過高，可能會讓生活過得很沒品質。

例如每月房貸支出占每月支出的 50%，會讓你沒辦法存下錢，因此房貸、債務等支出，最好控制在每月支出比率的 30% ~ 40% 之間。

在負債方面我們會建議如下：①負債比率（＝總負債 ÷ 總資產 ×100%）大於 50%，屬於偏高，亟須改善狀態；②負債比率低於 50%，但高於 30%，狀態尚可，可考量如何改善；③負債比率小於 30%（約 1/3），狀態良好。

知識 6》保險：用意外險、醫療險等轉嫁風險

保險可以在生病、意外時，發揮風險轉嫁的功能，讓你不至於因為這些事故所產生的費用，造成財務上的重大缺口。

你應該適當運用壽險、意外險、醫療險、殘扶險等，在符合你的預算範圍內，用最少的預算買到最高的保障，利用保險來轉嫁風險。

知識 7》了解風險：透過資產配置降低波動度

如果你每年投資 12 萬元，預計 35 年後退休，投資 1 年報酬率 7%。結果某年投資大跌 47%，這個年度如果是發生在退休那一年，或是發生在開始投資的第 1 年，會對你有何影響？你會希望它是發生在何時？

如果股市大跌 47% 是發生在開始投資的第 1 年，則你退休時有 1,710 萬 3,033 元；如果是發生在退休那一年（也就是第 36 年），你會有 940 萬 7,296 元。這 2 個金額差了快 1 倍，因此投資除了注重報酬率外，更要考慮到風險，雞蛋不要放在同 1 個籃子裡，標的不要太過集中，避免只買進單一個別的股票。

如果要讓自己的投資能夠較為穩健，應留意 2 重點：①長期投資、分散風險，短期的經濟情勢改變，可能造成投資報酬向下調整，但是如果能夠長期投資，標的的波動可能只是短時間的，對整體的投資來講影響並沒有那麼大；②資產配置，透過資產配置的方式，把你的投資分散於不同的區域、類別、產業等，可以降低整體波動度、提高報酬。假設你買單一的美股，就要相當費神、留意個別股價的波動，但是買美國大型股ETF，因為投資標的分散，價格波動就沒有那麼厲害。

知識 8》取得資訊：學會辨識資訊，做出決策

有些網路上、媒體或金融從業人員給你的資訊，經常是被斷章取義，只凸顯好處、不講風險，透過各種話術來做行銷，你

要學會從其他地方，如客觀的獨立財務顧問等，獲取透明的資訊，以做出正確的選擇。

tips 相關網站資訊		
網站	網址	QR Code
標準普爾公司的金融知識調查（S&P Global FinLit Survey）	gflec.org/initiatives/sp-global-finlit-survey/	

1-3
給年輕人 4 建議
工作之餘努力充實自我

　　生活在今天的年輕人，在某些方面一定覺得相當無奈：經濟不景氣、工作難找、薪資又這麼低，不過我想每個時代都要面對不同的挑戰。在我年輕時，台灣經濟剛在起飛，在國際上一點知名度都沒有，這對我們那時從事外銷工作的人來說，影響程度很大。

　　當時，我在 1 家電腦公司擔任業務經理，有次拿了電腦從德國北方的漢諾威（Hannover），搭火車要去慕尼黑（Munich）拜訪 1 位客戶。因為是長途火車，座位是包廂式的，左右兩邊面對面各有 2 個位子，當我拿了車票找到我的位子時，赫然發現 1 位年輕小伙子，大剌剌地把腳跨到對面椅子上，明明看到我開門進去，也不肯把腳放下來。我只好去

找列車長出面,年輕小伙子才願意把腳放下來。一路 6 小時～
7 小時的車程,我們也完全沒有交談。

　這是我們當年的狀況,亞洲勢力還沒有崛起,黃種人的臉孔
在歐洲還不常見。現在年輕人面對的卻是百年難得一見的金融
海嘯,連帶影響全球經濟從 2008 年到現在,還沒有明確復
甦的跡象。最近(2019 年起),又碰到美中貿易戰和新型冠
狀病毒肺炎(Covid-19)疫情影響,讓世界平添不少不確定
因素。

　面對這樣的情勢,年輕人在理財上就必須用和我當年不同的
態度來應對了。在這方面,我想可以給年輕人提供一些建議:

建議 1》應提列部分收入來提升專業能力

　現在大家都在抱怨薪資低、調薪慢等,與其等待老闆加薪,
不如自己改變心態,思考如何讓自己變得更有身價。也許你每
天加班、工作非常忙碌,但是你可以留心工作上的一些細節,
試著把自己放在主管,甚至是老闆的位置,來看你現在的工作:
你對公司的貢獻是什麼?如果你是在主管的位置,主管會怎麼

看員工？你的工作流程有哪些改進的空間，可以向公司提出建議？如果能夠多加留意，也許可以替自己主動爭取更好的工作機會。

在你的工作上也可思考一下：有什麼方式可以提升你的專業能力，讓你獲得加薪的機會？也許是必須參加專業課程的訓練，取得某種專業證照，或是增加你的英語能力等。你需要從工作所得中準備出這些預算，用來提升你自己的專業能力，薪資自然就增加了，而不是被動地等待機會，機會永遠是給那些已經準備好的人。

大體來說，主要是心態上的轉變，一旦心態上調整好了，你會用不同的態度去面對工作，再加上用有效率的方式，去做這些對提升自己有幫助的事情，自然就能讓自己在工作上愈來愈順利。

例如說很多人希望提升自己的英語能力，於是上補習班、請家教，花了一堆錢卻看不到效果，關鍵在多數人都是抱著以前應付考試的心態在學英語，而不是真的對英語有興趣，這樣其實永遠都學不好。

如果換個方式，慢慢從每天看 1 篇～ 2 篇英語文章，試著把追劇的時間用來看英語報導，或者 YouTube 上面也有很多英語的影片，你可以把中文字幕遮住，先聽英語，下次再來看字幕。這樣一點一滴地把英語跟你的日常生活連接起來，讓它自然地融入你的生活，這樣一來，學英語就不再是苦差事，而是一種樂趣了。

用同樣的心態，可以把很多工作上或許多不懂的事物變成是你擅長的一部分。在工作上得心應手，加薪自然不是問題。

建議 **2**》不論薪資高低都一定要儲蓄

學習控制開銷把錢省下來，讓自己身邊保有一筆錢，做轉換工作、進修學習、投資等準備，這永遠會是一個正確的決定，薪資高或低絕對不是存不了錢的藉口，只是存多、存少的問題而已。

1 個月存 2,000 元、3,000 元也是儲蓄，你應該運用簡單的方式（例如智慧型手機上面的記帳 App），讓自己可以輕鬆記帳。保留記帳紀錄後，對自己的日常開銷做一些控管、減

少意外支出，但是花應該花的錢，盡量去增加每個月可以儲蓄或投資的金額，讓自己存下一筆錢，心裡上會相對覺得比較踏實。有了這些錢，以後要累積變成 100 萬元，或是更多金額的第一桶金，相對就容易多了。

建議 3》信用卡不要超過 2 張

信用卡會讓人不知不覺過度消費，它會誘惑你不斷地擴充你的消費金額，最後累積一堆付不完的卡債。無論如何，你身上都不要擁有 2 張以上的信用卡。

適當運用信用卡消費，可以幫你做到部分的記帳功能，因為透過銀行寄來的對帳單，你可以看到每個月的消費項目與金額，帳目一清二楚。但絕對不要過度消費，除非你可以在當月的帳單，把你所消費的金額付清，否則你將要為了那筆消費，付出最高 15% 的循環利息，這相當划不來。

也不要看到某一樣商品標榜 12 期、24 期無息分期，就衝動地購買下那樣商品了，這些商品的價錢除以 12 或 24 以後，每期金額也許不高，但你很快就會發現，將這一筆一筆的錢加

總起來，已經超過你每月可以還得起的金額了，於是又落入信用卡未還的餘額中，你還要為它付出最高 15% 的循環利息，這相當於你用多出 15% 的價格，購買了那樣商品。

建議 4》用薪資 1/10 買到最基本的保險保障

適當的保險保障是分散自己財務風險的一種方式，透過各個險種，來把各種人身的風險轉嫁給保險公司，例如實支實付型的醫療險，可以為你支付健保給付額度外的病房費差額、特效藥等；意外醫療險如果因為意外住院，或是只就醫不住院時，也可以幫你負擔這部分的醫療費用；意外險保費低廉，萬一意外發生可以有身故、殘廢等給付。

購買原則：以低保費獲得適當的保障，例如利用定期壽險搭配醫療險、意外險、意外傷害醫療等保障。但是部分保險公司可能有限制險種的搭配組合方式，在定期壽險的主約下，可能有部分醫療險，就無法買到合適的年期，這時候就可以最低保額的終身壽險主約，搭配定期壽險的方式購買。

理論上，在薪資 1/10 的費用內，就可以買到適合自己的

保險保障。如果在收入有限的狀況下，就不建議購買保費相對昂貴許多的儲蓄險了，因為它可能占了你大部分的預算，但是相對來說保障不足。這方面可以尋求專業的財務顧問或壽險顧問的協助，藉由他們提供建議，告訴你如何規畫會比較好。

1-4
記帳 6 步驟
輕鬆達成財務目標

　　最近到一些企業為它們的員工講解理財課程時，我都跟他們分享一個觀念：「賺多少錢與能存下多少錢沒有絕對的關係。」有些人會埋怨說他們薪資太低，連日常開銷都不夠用了，怎麼可能還有多餘的錢可以存下來？

　　薪資低，也許你可以存下來的錢會比較少，但是它不能作為不存錢的理由，因為很多高所得的人，如果沒有計畫一樣是存不到錢。如果沒有一套有計畫存錢的方式，不少人會發現他們收入不錯，但是沒存下太多錢，因為收入多，花錢也不手軟，賺多也花得多。

　　過一段時間之後檢視自己的財務狀況，才驚訝地發現：以自

己的年收入來看，每年應該可以省下更多錢來儲蓄與投資，但是因為沒有為自己訂定一些財務目標，也缺乏有計畫地控制自己的消費，錢在不知不覺間就這樣花掉了。

5 年、10 年下來，才發覺自己所有金融資產（像是銀行存款、基金、股票等）的累積金額，跟自己的收入完全不能符合，以自己的收入來看，應該要存下更多錢、擁有更多資產才對。

了解金錢流向後，才能控管收支

所以可以存下多少錢，真的跟你的收入多少沒有絕對的相關性，關鍵不在於你收入的多少，而是在於你是否能夠有系統、有計畫地來管理你的財務。當你可以利用這樣的管理，養成存錢習慣的時候，長期下來你就會看到資產逐漸累積，不再是賺多少、花多少，沒有為未來財務目標的需求做任何準備。

要做有計畫性的理財，首先要清楚自己金錢的流向，再來才能控管收支，讓自己可以把省下的錢用來儲蓄與投資。最好是能夠用記帳的方式把花費記錄下來、輸出成月報表、把資料做分類與分析後，控管收支。

記帳到底是為了什麼？它有什麼用途？我們做財務規畫，無非就是要把財務資源做有效率、有計畫地分配與運用，讓我們在支付日常花費、每天的柴米油鹽等這些基本開銷外，同時又能把部分的財務資源用來做中長期的規畫，透過儲蓄與投資等方式為未來的財務目標做準備。但是財務規畫不能夠憑空想像，必須依據你的可運用財務資源來進行。

所以在做財務規畫時，首先要了解個人的財務現況，整理出個人財務的收入、支出、資產、負債等報表後，才能清楚個人的財務收支現況：是財務健全？還是尚有未清償的負債需要處理？接下來才能根據財務現況做預算分配，把可以動用的財務資源投入儲蓄、投資，來為完成財務目標做準備。

而記帳最大的功能就是讓我們藉由記錄下日常的生活支出，了解金錢的流向，進而控管收支，以進一步做預算的分配。但是記帳絕對不是只有機械化的重複記流水帳而已，這些資料必須經過一些步驟的整理與分析後，才能對我們的財務規畫產生意義。

至於應該要怎麼記帳才能完成財務目標呢？大致可分為下列

圖1 可利用手機App記錄日常花費金額
──記帳6步驟

步驟1	步驟2	步驟3
用手機App記錄花費項目與金額	**將資料輸出成月報表**	**整理分類與分析**
無須單獨記錄，僅做大項記載就好	每月彙整輸出成Excel檔案	所有資料按分類做整理

步驟4	步驟5	步驟6
支出檢視與控管	**做預算與分配**	**投入儲蓄、投資，以完成財務目標**
檢視支出比率與金額，確認支出是否可減少或刪除	按照適合比率做分配（例如按照「5122原則」之比率）	記帳最主要目的是固定存下錢做投資

6個步驟（詳見圖1）：

步驟1》用手機App記錄花費項目與金額

在所有記帳方式中，手機App無疑是最簡便使用的工具。當你購物後，只要花幾分鐘時間把購物的項目與金額輸入手機，便能完成紀錄。在記錄時，除非是特別需要做費用追蹤的項目，需要單獨記錄以外，你可以做大項的記載就好。

例如在超市購買青菜、魚、肉等，都是屬於「食」這個項目，你可以不用記錄到「蔥 30 元、雞胸肉 100 元」等非常細節的內容。如果所購物品都是屬於同一類別，你可以記錄成「12月 5 日在某某超市買菜 560 元」1 個項目就好，簡單又方便。

步驟 **2**》將資料輸出成月報表

你所選擇的手機 App，必須有可以輸出月報的功能，最好是能輸出成 Excel 格式的檔案。等到月底時，就可以直接把月報輸入到電腦中整理。你可以建立一個 1 月～ 12 月的檔案，這就是你整個年度花費的紀錄，有了這個檔案，你就能夠輕鬆進行後續的追蹤管理。

步驟 **3**》整理分類與分析

將月報表資料輸入到電腦後，你需要整理每日的花費明細，變成各個「大項目」的支出。例如生活費用的大項，是由食、衣、住、行、育樂、雜支、醫療費用等所組成；貸款費用包括消費性貸款（信用卡貸款、短期信用貸款、現金卡等）、投資性貸款（買房、證券、基金等投資），其他還有儲蓄、投資、

保險費用、稅負其他支出項目。經過整理後，你的月報會顯示出每一個大項目的支出金額，與該項目占每月支出的比率。

步驟 4》支出檢視與控管

算出每一個大項目的支出金額，與其占每月支出的比率之後，你可以針對每一項支出，做進一步檢視：看看該項支出是否有必要？金額是否合理？是否有調整的空間？是否能夠刪除這個項目的支出？切記，此步驟的重點是減少意外與非必要的支出，讓更多的財務資源可以投入做財務目標的準備。

步驟 5》做預算與分配

做完支出的檢視與控管後，接著就可以進行預算的分配，也就是進行財務規畫。做財務規畫的目的就是有計畫的分配財務資源，但並不表示就要從此一毛不拔，而是花該花的錢，讓自己過一個有品質的生活。除了每天的生活花費外，同時也可以為未來的財務目標做準備。

對於收入如何分配到不同的用途，你可以參考「5122 原

則」來做比率上的分配,方式如下:

1. 日常生活開銷:50%

日常生活開銷包含房租、水電、伙食等,全部加起來只能占收入的 50%。

2. 年度支出費用:10%

年度支出費用是指壽險、產險等,每年繳交一次的費用,這些全部加起來只能占收入的 10%。

3. 儲蓄、投資:20%

每個月收入下來後,必須要先將收入 20% 提撥到儲蓄、投資的帳戶中,而非每月收入剩下的錢才拿來投資。

4. 生活品質開銷:20%

生活品質開銷,諸如你用在健身中心的費用、在嗜好興趣的開銷、外出用餐享受美食、購買 3C 產品等都包含在內,這些全部加起來只能占收入的 20%。也就是說,如果你每月收入是 3 萬 5,000 元,根據 5122 原則(詳見表 1):日常生活開銷為 1 萬 7,500 元(= 3 萬 5,000 元 ×50%)、年度支

表1 將每月收入20%投入儲蓄、投資
──5122原則

支出項目	支出比率（%）	分配金額（元）
日常生活開銷	50	1萬7,500
年度支出費用	10	3,500
儲蓄、投資	20	7,000
生活品質開銷	20	7,000

註：以每月收入 3 萬 5,000 元計算

出費用為 3,500 元（＝ 3 萬 5,000 元 ×10%）、儲蓄與投資為 7,000 元（＝ 3 萬 5,000 元 ×20%）、生活品質開銷為 7,000 元（＝ 3 萬 5,000 元 ×20%）。

當然，5122 原則只是我的建議，每個人都可以按照各自的財務狀況，做不同比率上的調整。

步驟 6》投入儲蓄、投資，以完成財務目標

進行完預算分配後，接著必須要嚴格執行，尤其是領到每月薪資後，必須要先將收入的 20% 提撥到儲蓄、投資的帳戶後，

剩餘的錢才能拿來花，而非每月收入剩下的錢才拿來投資。

　　你要了解，要完成未來的財務目標靠的不是運氣，而是提早做計畫。唯有經過有計畫性地及早開始，並且有紀律地把收入的部分金額優先投入儲蓄與投資，為財務目標做準備，讓投資在時間累積下產生出複利效果，達到事半功倍，並在有需要時，能夠有足夠的財務資源作為支撐，過上快樂富足的人生。

1-5
慎用信用卡消費
避免成為「卡奴」

2009 年有一部票房破億元的電影《購物狂的異想世界》，由喜劇天后艾拉‧費雪（Isla Lang Fisher）飾演劇中女主角麗貝卡。

麗貝卡是 1 位負債累累，卻依然瘋狂購物的購物狂，她以「綠絲巾女孩」為暱稱，受到許多人的喜愛。麗貝卡就是控制不了購物的衝動，走在馬路上，她總會覺得精品店櫥窗裡的模特兒在和她招手，她就會不知不覺地走進店裡，買下模特兒身上的衣服。

當麗貝卡購物時，她只要刷個信用卡，就可以擁有那些美麗的衣服、鞋子、包包，她從來不會去考慮自己是否有錢可以購

買，也不在意會不會超支，因此麗貝卡欠下了許多她根本還不了的卡債。

為了節制自己購物的欲望，麗貝卡把信用卡冰在冷凍庫裡，還去參加「戒購物會」，只是這些措施都無法讓她真正擺脫購物成狂的習慣。最後，為了搶救她的友情及解決掉那堆積如山的帳單，麗貝卡將所有的衣服、包包、鞋子都拿去拍賣，把賣掉商品得到的錢拿去還債。

其實就現實角度來看，這部片的女主角麗貝卡算是不少女性的縮影，買名牌、追求時尚和享受購物時的快樂，愛美是女生的天性，喜歡逛街、購物、買名牌，對於不少女生來說不算稀奇，就像男生，也會熱中買 3C 產品或車子等。

現在是塑膠貨幣和行動支付盛行的時代，如今只要手持一卡或手機裡有綁定信用卡的行動支付 App，就能解決身上無足夠現金而無法消費之困窘，亦能隨時隨地跟銀行預借金錢以解決燃眉之急。

不過，信用卡等塑膠貨幣的普及和行動支付的發展，雖然提

升了民眾的消費能力、促進經濟發展，但也因此引發一些問題。許多人盲目地在皮夾內塞滿了許多各式各樣的信用卡、現金卡，或者濫用行動支付功能，過度消費卻無法償還卡債，因此造就了今日的「卡奴」。

當你成為卡奴後，如果你再不注意自己的財務狀況，你將落入金融消費的陷阱，永遠有還不清的卡債、都存不到錢，更不要說為自己訂定財務目標，來完成自己的人生夢想了。

要做好個人的理財第一步就是了解現狀、解決問題，而「理債」就是現狀中應該去解決的問題，在讓自己沒有了債務負擔後，你才能開始儲蓄與投資。在使用信用卡方面，你應該謹慎使用信用卡，避免成為卡奴。

每月不要只繳信用卡費的「最低應繳金額」

根據《信用卡業務機構管理辦法》第 44 條規定，發卡機構應按期將持卡人交易帳款明細資料（例如帳款結帳日、繳款截止日、當期新增應付帳款、溢繳應付帳款及最低應繳金額等），以書面或事先與持卡人約定之電子文件通知持卡人。該條款所

稱之「最低應繳金額」，依金管會法令函釋《金管銀票字第10340001781號》，每期至少應包含下列項目：

1. 當期一般消費之 10%。
2. 當期預借現金、前期未清償之消費帳款及預借現金等應付帳款之 5%。
3. 每期應付之分期本金及利息。
4. 超過信用額度之全部使用信用卡交易金額。
5. 累計以前各期逾期未付最低應繳款項之總和。
6. 循環信用利息及各項費用。

當你收到信用卡帳單時，如果你都是以「最低應繳金額」來繳款，不管金額是多少，你可能都會以為那筆金額是完全拿來「清償」信用卡未還的餘款。但實際上，在所繳交的錢中，用來償還「原來未還部分的本金」的錢只有 5%，加上當月新增的消費金額的 10%，其餘的都是循環信用利息，加上逾期手續費等。當月新增的消費金額，到了下個月也是只有還本金的 5% 而已（註 1）。

由於最低應繳金額的部分，占償還本金的比率相當低

（5%），而循環利息又是如此高（15%）的情況下，如果你每個月只繳最低應繳金額，卻又持續用該信用卡消費，前帳未清又增加新的負債，每月又付出這麼多的利息，當然很容易累積出高額的未清償金額，最後利息愈滾愈大，債臺高築（詳見延伸學習）！

所以建議償還信用卡卡費時，無論如何，一定要繳交高於最低應繳金額的費用。你應該訂出計畫，每月多繳一些錢，也盡量不要再增加新的信用卡消費金額，慢慢把負債金額降低。

若是長時間動用循環信用，可以先和親友借錢還債。千萬不要以債養債，用另外一張信用卡的信用額度，償還舊有信用卡的未償餘額，這麼做對清除債務沒有任何幫助，反而只會讓雪球愈滾愈大。

註 1：某銀行對於每期最低應繳金額（即最低應付款項）的說明如下：持卡人每期最低應繳金額為當期新增一般消費金額（編按：指持卡人當期訂購商品、取得服務、代付費用而使用信用卡一次付款之金額，不包含預借現金及代償交易性質之金額）的 10%、信用卡分期消費當期應付本金、利息，加計其餘未償還應付帳款的 5%（生效日為2015 年 7 月 1 日；2015 年 6 月 30 日（含）以前為 2%）及超過信用額度的全部交易金額、累積當期以前各期逾期未付最低應繳款項總和、基金消費、循環信用利息、遲延利息、違約金暨其他費用（包含但不限於預借現金手續費、掛失手續費、調閱簽單手續費、基金手續費、年費等），如低於新台幣 800 元，以新台幣 800 元計。

延伸學習 循環利息計算範例

李先生的8月、9月信用卡帳單內容如下（結帳日為6日，繳款期限為23日）：

消費日	消費金額（元）	循環信用利息（元）	總應繳金額（元）	最低應繳金額（元）	繳款（元）
2020.07.10	5,500	－	－	－	－
2020.07.24	3萬6,800	－	－	－	－
2020.08.06（結帳日）	－	－	4萬2,300	4,230	－
2020.08.19（繳款日）	－	－	－	－	5,000
8月未繳金額：3萬7,300元（＝4萬2,300元－5,000元）					
2020.09.02	7,000	－	－	－	－
2020.09.04	預借現金1萬元＋預借現金手續費450元	－	－	－	－
2020.09.06	－	674	－	－	－
2020.09.06（結帳日）	－	－	5萬5,424	4,189	－

註：1. 信用卡循環信用利息以年息15%為計算標準按日計算；2. 繳款期限僅供參考，依持卡人帳單為準

1.李先生信用卡帳單之循環信用利息計算如下：
利息＝累積未繳帳款餘額×循環利率×計息天數÷365
其中：

①累積未繳帳款餘額：3萬7,300元（＝4萬2,300元–5,000元）

②循環利率：15%（依信用卡公司規定）

③計息天數：44天（7月24日～9月6日（結帳日））

將數據代入公式後可得，9月信用卡帳單之循環信用利息為674元（
＝3萬7,300元×15%×44天÷365）

2.李先生信用卡帳單最低應繳金額計算如下：
最低應繳金額＝前期累計應付帳款總額＋當期新增一般消費＋當期新
**　　　　　　增預借現金＋當期新增之其餘應付帳款**
其中：

①前期累計應付帳款總額：1,865元（＝3萬7,300元×5%）

②當期新增一般消費：700元（＝7,000元×10%）

③當期新增預借現金：500元（＝1萬元×5%）

④當期新增之其餘應付帳款：1,124元（＝預借現金手續費450元＋
　　　　　　　　　　　　　循環信用利息674元）

將數據代入公式後可得，9月信用卡帳單之最低應繳金額為4,189元（
＝1,865元＋700元＋500元＋1,124元）

1-6
尋找合適的財務顧問
投資事半功倍

最近看了一本翻譯書，書名《你還在努力省錢來投資理財嗎？理財專家沒告訴你：有紀律的投資並不能讓你變富有》（Pound Foolish），作者是美國 1 位個人財務文章專欄作家海萊恩‧歐倫（Helaine Olen）。

這本書充斥著對美國的金融產業的批判，其中 1 個章節在探討金融業的佣金文化，她提到美國不少金融業者把提供食物跟產品行銷做結合。例如在餐廳、飯店等舉辦有提供免費晚餐的說明會，重點是針對參加的人做金融商品行銷。

書中舉的例子是 1 家保險公司，以如何為退休後的種種需求籌措資金，演講者用這樣的說詞讓與會的所有人瞠目結舌：

「55 歲～ 62 歲的美國人如果在 65 歲退休，有 47% 的人將用光基本退休支出所需的基金。」演講者用威嚇的語氣，無非就是要促使參與者最後去購買他們的商品，而基金公司、保險經紀人也常銷售給客戶佣金高、但是不符合客戶需求的產品。

事實上，美國金融業者的行銷模式，大致上台灣也不會差太遠，台灣一定也有人在用相同的模式來行銷他們的金融商品。當然正常的行銷方式，本來就是讓社會大眾了解金融業者商品及服務的管道之一。但是相對地，也有不少不肖業者利用各種投機取巧的方式在推銷金融商品，往往是演講者把商品包裝得天衣無縫，讓人找不到拒絕的理由，事後消費者購買後才發現上當，造成很多消費糾紛。

針對這些五花八門的金融業的銷售，消費者要注意什麼，有何自保之道？提供幾點建議作為參考：

不要被完美的話術打動

你可能受邀到 1 家高級飯店參加 1 場演講，場地一流，美酒、咖啡、點心等應有盡有，這時你看到演講台上演講者穿著

得體、口沫橫飛地講著如何可以達到數百萬元年薪，卻不用繳稅，讓你大為心動。想到每年繳出去的個人所得稅如果可以不用再繳，這是何等美妙的事！尤其是主辦單位還請來會計師助陣，連專業的會計師都出來背書了，還有什麼可懷疑的？

我用「演出」形容這樣的說明會，因為它就是一場完美的表演，業者砸下重本租豪華場地、提供美食，加上演講者無懈可擊的包裝話術，讓你不禁怦然心動、想要馬上去買他們的商品或服務。不過，碰到這樣的狀況還是停下來先想一下：「這是否能夠符合我的需求？」之後再做決定！

1 場有意義的演講或是說明會，應該是演講者展示他們的專業、顯示出他們對某些問題的解決方式是專業及可行的，重要的是必須兼顧到客戶的權益。以往，有人故意把傳統壽險包裝成儲蓄型保險，還可以運用保單貸款方式借款，去繳新保單保費，後來都衍生出很多保單糾紛。

不過你現在可能還會發現，某些金融業者的內部教育訓練，往往不是在研究商品適合哪些客戶的需求，反而是在研究一些包裝話術，如何讓客戶在不了解商品細節的狀況下，就被他們

的話術打動而購買商品。至於客戶的需求，或是話術是否過於誇大，就不是他們會去考量的了。

釐清自己的需求，避免落入陷阱

很多時候，你碰到的是不斷跟你強調他們的商品有多好，即使打著燈籠，依舊再也找不到這麼好的商品了。但是事實上，他可能 3 個月後還是來推銷你同樣的商品，只是換個名稱、稍微改一下商品內容而已。

那該如何做才能避免遇到這種情況？你可以做的應該是找一個願意傾聽你說話、願意了解你的需求的業務員，或是甚至於直接找一個有合格證照的財務顧問，先把你的需求整理清楚，再來想需要什麼樣的金融工具，可以達成你的需求目標，這樣就不容易掉入金融業商品行銷的陷阱了。

美國前總統雷根（Ronald Wilson Reagan）在 1987 年與蘇聯簽署《中程飛彈條約》時曾說：「信任是必須的，但監督也是必要的！」（Trust, but verify!）金融業多數人都是兢兢業業地在為客戶服務，但是免不了有人無視於客戶的權益，只求

他們自己可以達成業績，因此種種的不當銷售手法都有，而要如何保護自己的權益？就需要你花點心思留意一下商品的細節、交易條件等，以免自己的權益受損。

從 2 面向慎選能夠協助你的理專

對於投資，你不一定要懂得技術分析、知道經濟發展趨勢，但是你一定要慎選理專。好的理專不少，但是不顧客戶權益、只是為了達成他們手續費目標的理專也大有人在。因此，該有的自保之道還是要知道，千萬不要把存摺、印章等完全交給理專保管。此外，對於在銀行的投資你也需要適當做管理，你可以從 2 個面向進行：

面向 1》找一個願意了解自己需求的理專

好的理專應該是願意聽你說話，而不是只看你在該銀行的投資、存款金額有多少而已。他們也會留意你的狀況，你希望投資多久？錢是用來準備退休、還是其他用途？而你也應該跟理專溝通清楚，投資目的、你的期望是什麼？你預期的投資報酬率？你希望的投資管理方式是如何？稱職的理專會顧慮到你的需求，而不是只把你當成達成手續費收入目標的客戶而已。

面向 2》遠離頻繁轉換標的的理專

投資標的轉換有時候是必要的，但是太過頻繁的交易（曾聽過 1 位外商銀行的理專說，她 1 個月幫客戶轉換 12 次標的），損失的是你的錢。因為你可能還沒賺到報酬，光手續費就付出不少了（買進有申購手續費、賣出有信託管理費）。

正常的投資管理也許 1 年只須轉換個 1 次、2 次就好了，但理專若常以「現在投資標的的報酬不佳，可以轉換到比較好的標的」這種藉口來說服你，但是對於為何要做這樣的轉換？轉換前後的差異在哪裡？以及這項舉動對你的投資可能帶來哪些影響？他們沒法說出個所以然來，那你可以合理懷疑你的理專，可能只是為了達到銀行的業績要求，來說服你做轉換，他們不會站在你的立場為你思考，這時你應該考慮換個理專。

FinTech 時代來臨，須具備不同的思維

現在大家都在談 FinTech（金融科技），談金融交易去中間化。消費者要求的是更省成本、更個人化的服務，網路科技也將帶來金融服務業的巨大革命。當 Block Chain（區塊鏈技術），可以解決安全認證的問題後，多數的金融交易都將網路

化，上銀行辦貸款、買基金、保險投保等可能都不再需要面對面的服務了。你可以思考一下以下幾種選擇：

1. 找 1 位可信任的理專，繼續幫你做投資。

2. 你有時間、具專業，可利用納入台灣核備基金的「基富通」（詳見文末 tips 網址或 QR Code），DIY 做投資管理。

3. 畢竟投資只是理財其中的一環，你可能還需要考量到稅負、信託、資產傳承等問題，如果你希望做到全面性的規畫，你可以找財務顧問協助處理其他衍生性問題。

在現今環境下，你很難找到一個有專業又非商品銷售導向的人員來協助你，而一個合適的財務顧問，是可考慮的選項。

🔆tips 相關網站資訊

網站	網址	QR Code
基富通	www.fundrich.com.tw/	

1-7
釐清理財 5 迷思
拒當「月光族」

30 歲的你可能剛結婚，也可能還是單身，在這家公司工作 5 年、6 年，已經駕輕就熟了，正在考慮是否有更好的工作機會可以跳槽，甚至是不甘長久過著朝九晚五、有志難伸的日子，想要自行創業當老闆。

這些其實都跟你的財務狀況息息相關，以下就理財的角度，提供一些建議給你參考，30 歲在理財上應該避免有以下這些迷思：

迷思 1》活著就是要盡情享受人生

如果你是每個月把薪水完全花光的「月光族」，你常想：「辛

苦工作不就是為了享受人生？錢再賺就有，有些事情現在不做一輩子都會後悔！」因此花個 6,000 元、7,000 元買演唱會門票追星、蘋果（Apple）iPhone 一定要是最新款的才夠潮，反正就是盡量把錢花到都沒剩。

工作確實是辛苦，偶爾犒賞自己也是應該的，不過現在的經濟情勢相較以前是有滿大的改變了，尤其在工作職場上，沒有什麼是永遠不變的事情。

例如諾基亞（Nokia）曾經是世界第 1 的手機大廠，但是在智慧型手機出現後應變得太慢，在蘋果和三星（Samsung）夾殺下，市占率節節敗退、連續 9 季出現嚴重虧損，虧損金額高達 50 億美元（約合新台幣 1,500 億元），最後不得不在 2013 年把手機部門賣給微軟（Microsoft）。而這個發生的過程不過是幾年的時間而已，Nokia 就從芬蘭之光變成沒有人會去提起的名字。

除了 Nokia 的案例之外，還有許許多多的例子。就好像誰又會想到，2020 年新型冠狀病毒肺炎（Covid-19）疫情會導致全球大流行，讓旅遊、經濟幾乎陷入停擺，所以你說有什

麼是不會改變的？

因此，為了應付未來可能的變動，建議你要為自己儲備緊急預備金，這個金額至少是你半年的生活費，因為你無法預知你何時會有工作上的變動，下一個工作的銜接也可能不會那麼順利，你必須有一筆錢可以來應付這些緊急狀況的發生。

迷思 2》只要有理想就可以創業

在工作上你已經駕輕就熟了，你對於每天朝九晚五、一成不變的工作漸漸感到不耐煩，你可能覺得以你的能力，公司給你的薪水太少了，一股不甘長期寄人籬下、想要自行創業的感覺油然而生。

最近網路創業的風潮風起雲湧，有人靠著創新的商業模式建立了龐大的商機，例如臉書（Facebook）的創辦人馬克‧祖克柏（Mark Zuckerberg），不到 30 歲，身價超過 135 億美元（約合新台幣 4,050 億元），2020 年身價更是已經突破 1,110 億美元（約合新台幣 3 兆 3,300 億元），馬克成為新一代的網路傳奇。不過這到底是極其少數的例了，多數創

業成功的人還是需要你有扎實的商業獲利模式、長期經營才能夠成功。

從前有位年輕人來找我做理財諮詢，他投身 1 家新創的公司，由於公司業務推展不是很順利，結果積欠員工薪水，讓他自己生活都出問題。從他的案例我發現一些情形，如果你也想創業的話，也許可以提供給你參考：

①創業需要多種人才配合

創業要成功絕對不是只有技術就行了，如果一群年輕人自認軟體技術很行、彼此理念也相同，大家把錢湊一湊就出來創業。結果發現除了工程師外，公司其實還需要行銷業務人員，才能把商品跟理念推銷出去、找到生意機會或對外募資等，結果團隊成員卻沒有這種人才。

創業團隊其實應多找不同屬性的人才，即使是一家軟體研發的公司，也需要行銷、財務、管理等人才，才能使公司可以正常運作。

②除非有明確的商業模式，否則不要貿然投入高成本

你的創意看起來天衣無縫、商機無窮，但是事實上離商業化運作可能還非常遙遠，你正在構思的某個商業模式沒有經過市場的洗禮，往往都只是空泛無比的想像。如果一開始，每個人就辭去原來的工作，就設立公司、租辦公室等，想要馬上實現創業夢想，事實上風險都相當高。

如果大家能夠先以專案團隊的形式運作，彼此先討論商業模式、做研發，也嘗試先把商品到市場上試賣、測試市場水溫，經過市場的考驗，商品的設計、營運模式等也許都需要修正。等到適當的時機後，大家再共組公司、一起打拼，成功的機率無形中也會提高不少。

而經過一段時間相處與共事後，才來共組創業團隊，也是一個比較理想的方式，因為沒有共事過，你無法了解一個人的處事態度、價值觀等，如果彼此都相處不來，就更不要談是否要變成唇齒相依的創業夥伴了。

③至少準備 2 年的生活費

創業初期是最辛苦的時候，由於商業模式可能都還在摸索，因此你的收入也許會中斷。在創業前除了需要準備投資公司、

參與創業的資金外，建議你還必須為自己存下至少 2 年的生活費，以避免到時你會因為收入中斷，讓自己陷入財務困難的窘境。

迷思 **3**》年薪要達到百萬元才存得了錢

收入多少與可以存下多少錢，事實上並不是絕對成正比，不是賺得多的人一定能存下更多錢。其實能存多少錢是和你的用錢習慣有關，如果你不想要過著入不敷出的生活，在任何時間點你都應該開始建立存錢的習慣。

你要對自己的錢怎麼來——你的收入，以及錢怎麼花掉——你的支出，有清楚的概念。至少你應該花點時間整理自己每月的財務狀況，利用記帳方式記錄平常開銷，經過 2 個月、3 個月後，抓出收入、支出的比率，就可以知道哪些是合理的生活支出，哪些是可以再加以縮減控制的支出。有了這樣的數字，接下來就可以把每個月的收入的一部分，先扣除用來作為儲蓄、投資的金額，剩下來的是每月的生活支出、娛樂等，也就是執行「先儲蓄、再花費」的做法，如果這樣持續做下去，就不用怕自己存不到錢了。

迷思 4》財務狀況很單純就不需要特別理財

就是因為你現在的財務狀況還很單純，你現在可能還不需要去擔心房貸、小孩的保母費、才藝課費用與醫藥費等，你應該趁現在為自己跟家庭的財務打好基礎，把基本的模式建立起來。基本模式是什麼樣的模式呢？就是量入為出、隨時保持儲蓄好習慣的模式。個人或家庭的支出，你可以簡單分為 4 種項目：

①**日常生活開銷**：如房租、水電、伙食等。

②**年度支出費用**：如壽險、產險的年度保險費用等。

③**儲蓄、投資**：從收入中提撥固定比率的金額，用以儲蓄或投資以達成財務目標。

④**生活品質開銷**：如你用在健身中心的費用、在嗜好興趣的開銷、外出用餐享受美食、購買 3C 產品等。

原則上，這 4 種支出項目可以參考「5122 原則」來做比率上的分配，也就是這 4 種支出項目占收入的比率為：日常生活的開銷 50%、年度支出費用 10%、儲蓄與投資 20%、生活品質開銷 20%。

表1 日常生活開銷占月收入50%
——月薪3萬5000元用5122原則做預算分配

支出項目	內容	金額（元）	所占比率（%）
日常生活開銷	房租	8,500	50
	水電、瓦斯等	1,500	
	交通費	1,200	
	外食	5,500	
	手機通訊費	800	
	總計	1萬7,500	
年度支出費用	壽險保費／月	3,500	10
儲蓄、投資	基金定期定額投資	7,000	20
生活品質開銷	旅遊、進修等	7,000	20

　　例如立民在貿易公司上班，月薪 3 萬 5,000 元，利用 5122 原則進行預算分配後，每月支出分配比率如表 1。

　　你可以利用 5122 原則來調整支出比率，如果數字上比率差異太大，例如日常生活開銷比率高達 70%，以至於影響每月的儲蓄、投資，也沒辦法偶爾犒賞自己去吃一頓大餐，那可能是平常的意外支出太多、沒有目的的花費太凶，這時就必須利用每月記帳的紀錄，來看看自己的錢都花到哪裡去了。

一定要盡量減少意外支出的情況發生，例如逛街常常沒有想好要買哪種衣服，以至於買了一堆後來都沒在穿的衣服。

迷思 5》規律存錢就絕對不會怠惰

人難免都會有偷懶的時候，不要太相信自己永遠都能這麼自動自發，如果要強迫自己每個月存錢，最好的方法是另外開一個銀行帳戶，專門用來儲蓄與投資。當每個月一領到薪資，就先把要存的錢先轉入這個帳戶，再由這個帳戶自動扣款，進行投資。

不要把儲蓄與投資的錢跟日常花費的錢混在一起，有一個專門的帳戶才能專款專用。中間即使有贖回基金、股票等，也是進入到這個戶頭，到時這筆錢還是會用來繼續做投資，而不是跟日常花費的錢存放在一起，結果又不知不覺把它用掉了，失去當初存錢的意義。

1-8
掌握創業 5 要點
實現當老闆的夢想

開一家咖啡店似乎是不少人的夢想，擁有一家自己打造的咖啡店，古典風，或是新潮風格，顧客坐在靠窗的位子邊看書，邊享用著拿鐵咖啡配上小甜點，空氣中飄著咖啡香，這是多麼浪漫的畫面。不過現實總是殘酷的，我在住家附近的巷子常常看到裝潢得很漂亮的咖啡店，風風光光開店，然後通常開不到 3 個月就關門了，每次都替他們覺得可惜，那些裝潢、器材等成本怕是也要超過 100 萬元吧！

最近 1 篇市場先生的文章〈年輕人，別再夢想著開咖啡廳了！咖啡店長不告訴你的 3 個真相〉（詳見文末 tips 網址或 QR Code）在網路上滿紅的。文中提到開 1 家咖啡廳，成本最少 250 萬元，如果 1,000 位客人每月只來 1 次，每次平

均消費 200 元，1 個月也才剛好 20 萬元的營業額，這樣都還沒開始賺錢，僅僅損益兩平而已！咖啡店店長平均 1 天工作 12 小時、月休 1 天，他勸大家打消這個想開咖啡店的念頭。

創業是值得鼓勵的，但也有許多問題需要考慮，在此就財務與經營層面提供一些要點，給想開咖啡店的人參考：

要點 1》創業前先做好財務規畫

創業在個人財務上可能是一項轉機，也可能是危機，如果大家創業都保證會賺錢，那這工作就不叫創業了。

創業前你要有收入減少，甚至是沒有收入的心理準備，除了平常你應該要有的 6 個月緊急預備金準備外，你應該要多準備至少 6 個月的生活費，最好是能夠準備 2 年的緊急預備金，這會讓你比較沒有後顧之憂。

要點 2》設定自己的市場定位

現在滿街都是咖啡店，各家超商也都賣起咖啡來了，你應該

先推估一下你的市場定位在哪裡？你覺得會來消費的人大概是哪些族群？

常看到很不可思議的現象是咖啡店開在小巷子裡，它的位置離附近的辦公大樓有一段距離，一般公司職員會光顧的機率不太大，周遭居民的人口數也沒有很多，因此顧客常常小貓 2 隻、3 隻，根本無法達到它應該有的來客數。

客層上，你是要做外帶客，還是內用客戶？如果你要針對的客戶是外帶客，你就可以租用比較小的店面。市面上就看到 1 家連鎖加盟的咖啡店，店內只有簡單的裝潢，整家店約不到 10 坪、只有 3 個～ 4 個座位，咖啡售價也不貴，1 杯中杯拿鐵才 65 元，品質也不比星巴克（Starbucks）差，每次看它們生意都不錯，等於有找到成功的市場定位。

要點 **3》**估算開店後的收入與支出

每天開店都有成本，像是人事費、租金、水電瓦斯等，這些都是固定支出。你最好在開店前，能夠把開店後的收入與支出先估算出來（詳見圖 1）。

圖1 人事費、房租與水電瓦斯費皆屬固定支出
——開店後收入與支出的估算項目

收入	支出
1. 平均月來客數：	1. 人事費：
2. 平均消費金額	2. 房租：
咖啡：	3. 水電瓦斯費：
甜點：	4. 雜費：
餐點：	5. 材料進貨：
咖啡豆：	
咖啡器材：	

　　觀察一下附近咖啡店的來客數、產品定價等，就可以預估出你每個月需要多少生意量才夠應付支出，扣掉之後才是你賺的錢。如果初期生意不理想，你是否有足夠的現金流可以支應至少 3 個月、半年？如果沒有辦法支應，你是否該尋求更多的財務資源？或是重新評估開店地點與營業方向等問題。

　　千萬不要在開店後發現入不敷出，必須另外用借貸來彌補，

本來想說創業開店可以創造更多收入，結果卻變成增加負債。如果能在開店前的準備期做好市場調查及財務需求分析，相信可以讓你更務實地去評估自己是否要開店。

要點 **4**》真正投入才能創造出屬於自己的特色

幾年前，有位朋友辭掉原本的工作開了咖啡店，但是半年後他就把店收掉不做了，原先以 20 幾萬元買的營業用咖啡機，最後只能用幾萬元的二手價賣出。我和其他朋友後來才知道，其實這位開咖啡店的朋友根本就不愛喝咖啡，對咖啡其實也沒有太多研究。

當然，並不是說你一定要是咖啡達人才能開咖啡店，但如果你對咖啡根本就不感興趣，那就很難創造出自己的特色。

在咖啡店林立的街頭，連超商都在賣咖啡的時候，應該要思考，消費者為什麼要光顧你的店？除了可能是地利之便的因素以外，你能夠做的應該是吸引一些忠實的顧客，可以回流、常來消費，那就要創造出你的差異性，可能是你煮咖啡的技術特別好、咖啡豆可以烘焙出特別的口感、甜點或餐點特別美味，

或是可以結合藝術創作,營造出一種特別的店面氛圍等。

偶爾會碰到的情況是,咖啡店老闆本身是咖啡愛好者,對咖啡豆產地、特性等鑽研頗深,只要一談起咖啡就會眉飛色舞、如數家珍,因此店裡常有一批死忠的顧客,這些人是被老闆投入的熱情吸引來的。

這家咖啡店老闆能夠帶動顧客去研究、體驗喝咖啡的樂趣,就像是別家店的顧客買的是 1 磅 600 元的咖啡豆,但是這家店的客人買起 1 磅 3,000 多元的藝妓咖啡豆卻能面不改色。

也就是說,如果開店前能夠多想想,你的咖啡店特色會是什麼?能夠做出市場區隔,創業成功的機會自然就更大了。

要點 5》建構完整且可行的商業模式

有人想開咖啡店是因為覺得這是一件很浪漫的事,但是開店後,你發現每天都被綁在 1 家小小的店裡,1 天工作 12 小時,店長要身兼泡咖啡、烘豆子、水電修理,還要當清潔工,這時候感覺卻一點都不浪漫了。

圖2 開咖啡店須考量行銷、餐點設計等細節
——咖啡店創造商業模式思考點

成本控制　社群媒體經營
店面設計　加盟系統
中央廚房　行銷包裝
產品設計　流程SOP
進貨來源　餐點設計

　　如果你每件事都要親力親為，這家店少了你就無法運作，你出賣的就是你的時間與勞力。這樣的經營模式就是開一人公司，你只能靠體力賺錢，但是當你把它變成一個商業模式時，你是靠智力在賺錢，你的生意才有可能擴大。

　　所謂的商業模式，就是你能創造出可以複製的模式，可以授權加盟、開分店等，把你的經驗、技術等轉化成標準流程（SOP），這樣你才能複製、擴大，進而利用商業模式賺錢，

而不是只能出賣你的時間與勞力。圖 2 是有關咖啡店創造商業模式的思考點，若你將來有開咖啡店的計畫，可以提供你作為參考。

☼tips 相關網站資訊

網站	網址	QR Code
年輕人，別再夢想著開咖啡廳了！咖啡店長不告訴你的3個真相	rich01.com/3-8/	

戀愛

Chapter **02**

磨合彼此差異

2-1
交往時談錢
關係才能和諧

　　一個人單身久了，就會想談談戀愛。而戀愛談到最後，通常只有 2 條路可走，不是分手，就是結婚。我相信，沒有人是為了分手而談戀愛，因此可以說，所有情侶交往都是為了邁入婚姻，戀愛可說是婚姻的前哨站。

　　結了婚以後，影響婚姻關係是否和諧有很多因素，但是財務問題絕對是一個關鍵因素，願意共同討論財務議題的夫妻，會比不願意談的夫妻和諧許多。因此，與其婚後再來談這些事情，其實婚前就應該多做財務上的溝通。

　　夫妻婚後的財務管理方式可能都不一樣，有人是共同管理、有人則是財務各自獨立；有人可以開誠布公，跟對方公開自己

的財務狀況、有人則是連自己的戶頭在哪家銀行,都不願意讓對方知道。然而,無論是採用哪一種財務管理方式,都沒有對錯,只要彼此同意、有默契就好。

不過我會建議,夫妻最好在結婚前就應該對財務方面多做溝通,多觀察彼此的生活模式、金錢價值觀等,不要怕談錢,最好在財務議題上有共識以後,再一起共組家庭。情侶之間談錢也許俗氣,但這對將來建立和諧的婚姻絕對有很大的助益。尤其是女性,可能要學會多保護自己一點,避免自己在財務上產生損失,可從婚前與婚後來看:

婚前》從 3 方面找出雙方的財務平衡點

1. 了解彼此金錢價值觀的差異

約會時,對方如果時常大手筆請你吃飯、送禮物等,有可能是他花錢不會節制;但有些人是吝嗇過頭,每分錢都要斤斤計較,買東西一定要跟店家殺價半天。有些人很重視物質享受,且把錢看得很重,衡量一切事情都是從利益的角度出發;另一種人是把錢看得很淡,有錢就花,從來不想為錢傷腦筋,不做任何的計畫。

這些金錢的價值觀、用錢的方式也許沒有對錯，但是從這些地方可以預見你們以後可能的相處模式，如果彼此差異太大，婚後只會有更多的摩擦，建議還是多做討論，找到彼此可接受的平衡點。

2. 確認對方是否欠債

觀察對方為何欠下這些債務？有些人是刷卡上網買遊戲點數、沉迷於遊戲，或是喜歡購物，因此信用卡一直有餘額未償還、使用循環信用，或是有信用貸款的欠債等；有些人是借款、融資，做股票投資，這種人大概是賭性堅強，有可能會因此創造更多債務，這對婚後家庭財務一定會有不良的影響。

3. 婚前協議可採用「分別財產制」

一般的婚前協議可能會約定如子女體罰程度、子女從夫或妻之姓氏、家事工作分配等問題。不過在家庭財務上，可以針對以下事項分別討論，若有需要可以訂立婚前協議，例如婚後是否需要對原生家庭負何種義務？需要對兄弟姊妹或父母做金錢上的付出嗎？需要改用「分別財產制」嗎？

分別財產制是彼此的財產各自管理、各自處分，各自對其債

務負清償責任。如果 2 個人對於上面所說的金錢價值觀、用錢方式、消費習慣都有相當大差異時,建議可在婚前協議約定婚後辦理夫妻財產制契約登記,把原本的法定財產制改為分別財產制。

為何需要改為分別財產制?在法定財產制中,夫妻債務各自負清償責任,你不會因為配偶負債,需要負連帶責任;但是如果夫或妻在外有負債的情況,離婚時財產少的一方(大多是無財產且負債),可利用「夫妻剩餘財產分配請求權」,向財產多的一方請求剩餘財產差額的一半。

多數人如果沒有特別去做登記,就都是法定財產制,因此離婚、一方身故等,都適用夫妻剩餘財產分配請求權;但是如果改成分別財產制,離婚時就不適用夫妻剩餘財產分配請求權,萬一配偶欠下債務,對方也不能再來分你的財產。

夫妻財產制包含「法定財產制」和「約定財產制」2 種,其中,約定財產制又可分為「共同財產制」和「分別財產制」。如果雙方沒有約定改用其他財產制,夫妻都是適用法定財產制(註1)。

①法定財產制：離婚時，適用夫妻剩餘財產分配請求權，也就是在離婚時，結算夫妻婚後剩餘財產的差額，並由剩餘財產少的一方，向他方請求剩餘財產差額的一半。

②約定財產制：又可分為共同財產制及分別財產制。只要是約定財產制，在離婚時，都不適用夫妻剩餘財產分配請求權（詳見表１）。

因此，若是夫妻資產及工作賺錢能力相當，但２人對於理財或消費的習慣差異很多時；或是另一方對他的財產狀況、理財方式完全不願意討論，發現彼此很多對金錢使用的觀念無法契合時，不妨考慮訂定婚前協議，彼此同意在婚後改用分別財產制，各自理財，即使離婚時不會有財產分配問題。

註１：《民法》第1005條規定：「夫妻未以契約訂立夫妻財產制者，除本法另有規定外，以法定財產制，為其夫妻財產制。」

註２：《民法》第1010條規定：「夫妻之一方有下列各款情形之一時，法院因他方之請求，得宣告改用分別財產制：①依法應給付家庭生活費用而不給付時；②夫或妻之財產不足清償其債務時；③依法應得他同意所為之財產處分，他方無正當理由拒絕同意時；④有管理權之一方對於共同財產之管理顯有不當，經他方請求改善而不改善時；⑤因不當減少其婚後財產，而對他方剩餘財產分配請求權有侵害之虞時；⑥有其他重大事由時。夫妻之總財產不足清償總債務或夫妻難於維持共同生活，不同居已達6個月以上時，前項規定於夫妻均適用之。」

表1 約定財產制不適用夫妻剩餘財產分配請求權
──夫妻財產制分類

財產制		財產所有權	管理權與處分權	債務責任關係	夫妻剩餘財產分配請求權
法定財產制		各自所有	財產各自管理各自處分	各自對其債務負清償責任	適用
約定財產制	共同財產制	共同財產：共同共有	共同管理	由共同財產及夫或妻之特有財產連帶負責	不適用
		特有財產：各自所有	各自管理處分		
	分別財產制	各自所有	各自管理各自處分	各自對其債務負清償責任	不適用

註：共同財產制中，特有財產包括：1. 接受別人贈與的財產，並且經過贈與人以書面聲明是其特有的、2. 專供個人使用的物品，例如首飾等、3. 職業上必須使用的物品、例如其謀生用的電腦設備。除此之外，皆為共同財產

　　《民法》第 1010 條有規定，在某些情況下，例如不給付家庭生活費用、夫妻一方財產不足清償負債時、不當減少婚後財產可能妨礙剩餘財產分配，或是夫妻因難以維持同居而分居 6 個月以上時，另一方可以單方聲請改為分別財產制（註 2）。

　　不過，這要經過法律程序，再來會產生夫妻剩餘財產分配請

求權的問題，你要確定你的財產比對方少，否則最後你還要把一部分財產分給對方。

至於如何辦理變更夫妻財產制？你可以登入台灣新竹地方法院網站首頁（詳見文末 tips 網址或 QR Code），依序點選「專區服務」、「登記及提存專區」、「登記業務」、「如何辦理夫妻財產制契約登記」以後，參考其中的說明。

另外，依據《民法》第 1010 條第 5 項規定：「因不當減少其婚後財產，而對他方剩餘財產分配請求權有侵害之虞時。」如果夫或妻為了減少對方對於剩餘財產之分配，而在法定財產制關係消滅前 5 年內「處分」其婚後財產者，對方可以請求法院撤銷該行為。這牽涉到剩餘財產分配請求權的保全，可參考我以前在《商周財富網》寫的文章〈賈靜雯被豪門夫討 4000 萬：從明星婚變，學如何不被有錢尪「剝最後一次皮」〉（詳見文末 tips 網址或 QR Code）。

婚後》建立財務共識，共同追求理想生活方式

雖然前面寫了這麼多，不過不是勸你不要結婚，婚姻生活彼

此可以互相依靠、扶持是很棒的事。如果決定結婚了，就要好好經營婚姻。不管是財務各自獨立或共同管理，重要的是，既然要結婚，就要在財務上取得共識，有共同的財務目標，並願意為追求彼此想要的生活方式而努力，否則 2 人就各自維持單身就好，沒必要結婚了。

這些目標可能是購屋、退休，子女教育基金、出國旅遊計畫等，即使財務各自獨立，有了共同目標就應該共同分擔，用投資、儲蓄的方式來完成。

建議你們在婚後進行家庭財務規畫，是各別管理？還是共同管理？如果是各別管理，家庭日常收支如何分攤？共同財務目標是什麼？以及各自負擔多少比率？要存下多少錢？或是要使用哪些工具進行何種投資並做好管理，完成財務目標？

一開始，彼此可能對家庭收支都不是很清楚，建議至少記帳幾個月，整理出家庭各項開支金額及項目，就可以整理出各個支出的項目花費多少，再針對家庭支出、投資、儲蓄金額等分配預算，「家庭個人收支預算表」這個 Excel 檔案可提供你下載使用（詳見文末 tips 網址或 QR Code）。

tips 相關網站資訊

網站	網址	QR Code
台灣新竹地方法院	scd.judicial.gov.tw/index.html	
賈靜雯被豪門夫討4000萬：從明星婚變，學如何不被有錢尪「剝最後一次皮」	wealth.businessweekly.com.tw/GArticle.aspx?id=ARTL000086337&p=1	
家庭個人收支預算表	ifa-cfpsite.com/download/20200115budget.xlsx	

2-2
透過溝通與討論
建立共同財務目標

　　之前在臉書（Facebook）粉絲專頁「靠北女友」看到一則貼文，引起網友熱烈討論。1 名 30 歲男子，因不滿交往 3 年的 26 歲女友，至今零存款還有負債，決定和女友分手。男子說：「她非常漂亮，是那種帶出去會讓男人感到很有面子的女孩。不過讓我在意很久的點是，她至今半毛存款都沒有，還因為出去玩背了很多債。」他在考慮 2 人是要往結婚邁進，或是直接分手。最後他在明示、暗示下，女生都沒打算改變或解決問題，因此決定分手。

　　對此，網友的回應很兩極，有人說：「只是用金錢價值觀衡量對方值不值得娶，你根本不配愛人……，一方不懂得理財，另一方就要幫對方理財。」也有女生網友回應說：「不，我想

這不能算是對女人的要求。而是人到了一定年歲，都必須要有一些存款數字、未來規畫、為自己負責的態度。簡單來說，這些都是必須的。」

財務議題可能為情侶帶來緊張關係，如果 2 人在使用財務資源方面常有不同意見，即容易造成衝突。這種衝突，往往也不是短期可解決的。像前面「靠北女友」那則貼文，只是反映出婚前已意識到彼此對金錢價值觀的不同，因此討論未來 2 人一起生活的財務如何管理，其實是很有必要的。

在確定要結婚之前，為了籌備婚事，像是拍婚紗照、舉辦喜宴等，可能就忙得暈頭轉向了，但是比起這些事情來，更重要的是跟你的另一半，找個時間坐下來討論一下，未來的財務安排。能夠共同完成一個財務計畫，這對你們來講是相當好的。

為未來做準備不只是在財務上，也是在心理上面的契合的開始，也許並不是那麼羅曼蒂克，但是這會讓你們的關係可以走得更長遠。

現在科技的進步讓人類生活更方便，但是也更忙碌、更疏

離，要彼此有機會坐下來好好談，可能都不容易。因此當你們已經決定步入婚姻、共組家庭的時候，你會希望你們在各方面都是準備好了的。如果在婚前你們就能在財務上準備好，以後的生活也可以更平順。

在財務上做好準備，不是說你們已經存了多少錢、有多少購屋基金等，反而是 2 人對以後的共同目標、金錢價值觀、用錢方式的探討，建立了共識。這樣做不僅可以減少以後的摩擦，更是 2 人是否可以同心協力，為共同目標打拼的基礎。

當然，2 人共組家庭，財務方面相當重要，但是也不用太過緊張，只要做好以下幾件事情，就可以為未來家庭財務建立良好的基礎。建議你可以與未來的另一半找一段空閒的時間，2人坐下來，在財務方面進行深入溝通。

了解彼此用錢習慣，並說明自身財務狀況

跟你未來的另一半坐下來談談各自的成長背景。你的父母在你成長過程中，他們有關金錢的對話都是什麼樣的？你們的父母會為錢爭吵嗎？他們會亂花錢嗎？還是他們害怕花錢？當他

們在付錢的時候，對他們來講都是一種壓力？

　　除了家庭背景以外，也談談你們現在的用錢習慣：你是月光族嗎？或者你是喜歡儲蓄的人？在你決定是否買一件會花比較多錢的東西時，你如何做決定？另外，你們也需要談談未來的目標、夢想，還有理想等。

　　如果你發現到，你和另一半彼此之間有很多的差異，那也不用太驚訝，你只是在學習了解另外一個人。接著你們會創造出，對你們 2 人都合適的模式。既然愛對方，就要盡量包容對方的一切，2 人一起討論、溝通，因為互相了解、包容，才能建立互信的基礎，婚後在財務議題上的衝突可以減少很多。

　　像前面「靠北女友」的例子，其實最主要的問題是 2 人缺乏有效的溝通。尤其是財務上的問題，更是需要提出來互相討論，不同的成長背景，會造就不同的金錢價值觀、用錢習慣等。而這個其實不用明示、暗示或猜測，可以直接提出來討論。

　　除非是在男女朋友階段，還在思考要不要在一起，可以用委婉一點的做法。如果決定要結婚了，應該以溝通取代抱怨、以

體諒取代責備。

　　你們需要做的是，準備好將自己的財務狀況，與對方開誠布公，包含你們各自的收入、支出、財產和債務等，並且準備好接受你的伴侶及其所有財務問題。你們必須誠實公開自己的財務，例如是否有債務等負擔，其中像是信用卡卡債、短期信貸等不良負債如果過多，可能都會造成賺的錢多數在付利息或貸款，而無力再為未來的規畫進行儲蓄或投資，因此要盡量避免這樣的狀況。只有清楚彼此的現狀，你們才能一起規畫未來。

3 步驟擬定 2 人未來的財務計畫

　　如果將來結婚了，你們可以持續為共同的財務規畫努力，以下 3 步驟提供參考：

步驟 1》列出 5 年內想要完成的項目清單

　　新婚夫婦常犯的最大錯誤之一，就是各自有不同的財務目標，無法齊心協力整合財務資源來完成財務目標。切記，與另外一半談談彼此未來的目標，至少列出 5 年內想要完成的項目，像是購屋、生小孩、出國進修、念 EMBA 等。

剛開始的時候,你們可以寫成 1 張清單,列出所有的目標,然後再來決定哪些比較重要,哪些相對比較不重要。排定這些目標的優先順序之後,就能夠針對你們的財務做安排。你們將能輕鬆決定,哪些項目需要優先投入財務資源,而這些都是經由你們雙方同意,能夠降低未來可能產生的誤解或抱怨。

步驟 2》建立投資共識,累積資產

我在幫客戶諮詢時,曾經看過一些案例,如夫妻 2 人收入都不錯,年收入加起來近 300 萬元,家庭負擔也不大,但是除了銀行定存約 200 萬元外,沒有累積太多資產,也沒有固定儲蓄或投資的習慣。雖然賺得多,但是不一定存得多;或者夫妻各自有個別的投資方式,例如先生希望利用基金、ETF 等做投資,取得較高報酬,而太太則是錢只放定存或儲蓄險,以最保守的方式理財。諸如此類的例子,都無法把夫妻的財務資源做更有效率的應用。

如果彼此能夠在「如何以投資來累積資產?」上建立共識,對於金融工具的選擇、對投資報酬率的期望、投資管理的方式等,都有一個彼此可以接受的方式,就可以逐步朝著累積資產,進而達成財務目標的方向邁進。

步驟 3》各自提撥固定的收入比率進行儲蓄或投資

　　婚後可以把夫妻雙方的財務完全整合在一起，也可以維持各自管理。完全整合就是把 2 人的財務完全合併，匯入同一個銀行帳戶，支出也是由這帳戶支應；另一種方式是將帳戶分開，2 人收入各自管理。但是即使是沒有合併帳戶，你們也應該開立一個共同帳戶，將各種公共的開銷，像是房租、水電、管理費等，將每個人應該負擔的金額存入此帳戶。

　　至於以後財務如何管理？彼此也應該有共識：是歸一個人管理，還是一起管理？婚後初期，你們應該建立記帳的習慣，找出各類項目的支出比率，並控管支出，同時也不要忘了要提撥一定比率的收入進行儲蓄或投資。

　　多數人可能都是合併帳戶，但是也有部分的人是採用分開的帳戶，不過即使是各自的收入分開管理，你們也應該討論出彼此的共同財務目標，以及如何為這些目標做準備。每個月除了公共的開銷之外，各自應該再提撥部分的收入，進入一個聯名帳戶來做儲蓄與投資，來完成這些財務目標。

2-3
觀察 4 面向
確保雙方達成理財共識

　　在《網路溫度計》網站上有一篇文章〈最可怕的婚姻殺手！現代人的十大離婚主因！〉（詳見文末 tips 網址或 QR Code），文中指出財務問題是離婚主因第 9 名。夫妻間金錢觀不同、用錢方式不同，的確是家庭的一大噩夢。

　　在實務上也常發現，夫妻對於理財不同調的狀況。例如太太自覺錢都存不下來，因此希望先生協助她記帳，多省下一些錢來做投資；先生卻是有錢就花，過一天、算一天，對於財務諮詢也沒意願參加，於是他們的財務計畫只能從太太開始做，幾年之後他們離婚了。或是先生希望把錢投資在基金、ETF（指數股票型基金）等可能可以得到比較高報酬率的投資標的，太太則只運用定存、保單等固定式金融工具。凡此種種，夫妻對

理財有不同的看法，確實會是彼此家庭和諧的一大隱憂。

習俗上，男女朋友在論及婚嫁時，會去合彼此的生辰八字，看是否犯沖、相剋等。然而與合八字相比，如果你們感情穩定，可能不久的將來會共組家庭的話，先檢視一下彼此的理財性格（金錢觀、用錢方式等）合不合，倒是一個滿實際的問題。

因為一個家庭每天都要面對金錢的議題，如果彼此都沒有共識的話，要一起生活會很辛苦。建議你在套上婚戒、共組家庭前，針對財務方面多了解、多溝通，這個議題不一定要等到結婚後才來談。

你們可能已交往多時、訂婚，或是一起生活了，如果在財務上彼此可以開誠布公做理性的討論，對於以後建立穩固的關係一定會有更多幫助。而若經過一段時間的觀察，發現彼此在理財性格上差異實在太大，對於用錢方式、價值觀等都有很多不同的觀點、彼此也不能接受的話，那也不用太勉強在一起，否則以後要面臨的衝突只怕是避免不了。

因此，從財務規畫的角度來看，需要留心觀察以下 4 面向：

面向 **1**》了解彼此對管理個別財務的看法

婚後 2 人要如何處理個別的財務？是維持各自的財務獨立，但是有一個共同的戶頭用於家庭開銷，至於投入共同戶頭的方式可能是各自按固定金額？或是投入收入的固定比率，例如領得多的人，投入的金額也比較多？或者是一起管理財務，收支都歸入同一個戶頭，一起運用？

如何做比較好，並沒有定論，但是如果有一方過於強勢，或是對於自己的財務狀況刻意隱瞞，對於建立彼此的互信恐怕會產生不利的影響。

面向 **2**》釐清對方債務狀況

雖然立法院在幾年前三讀通過修正《民法》第 1030-1 條，確定債權人不得代位行使「夫妻剩餘財產分配請求權」，銀行或地下錢莊，不能因為債務人有請求分配另一半財產的權利，就直接向債務人的配偶要求代為償債。在「法定財產制」下，夫妻各自保有自己財產完整獨立的所有權及處分權，也對各自的債務負清償責任，因此不會產生「夫債妻還」或「妻債夫還」

的情況。

　但是如果另一半對本身的債務不願據實以告，那表示其本身的誠信就有問題。或是他（指你的另一半，有可能是男生，也有可能是女生，下方皆同）對債務的態度是無所謂、不願意誠實面對，不想負責任地去解決問題，那你可要對他的人品打一個大問號。因為人的個性很難改變，如果他對債務不會積極、負責任地想去改善，那你很難期待他會對你負責、對家庭盡到責任。

　如果彼此可以沒有隱藏、誠實地告知現有的負債，而你也知道他的負債是學貸等用途的貸款，不是賭博、胡亂花費等欠下的債務，那可以在 2 人充分溝通後訂定計畫來清償，而不至於造成未來家庭財務上重大負擔。

面向 3》確認對方是否願意溝通財務問題

　即使婚後 2 人財務各自獨立、個人的帳務各自管理，而屬於家庭共有的支出，像是房租、水電費、管理費等才共同負擔。但是既然 2 人決定要共同生活，就不能不為 2 人以後的生活

做準備，每個人可能都會有生病、意外，或是老年以後的退休、老年安養等問題。

如果其中一方身體有狀況，照顧的重擔會落到另一方身上；或是其中一方收入中斷，可能也需要另一方的財務支援。因此，就算是財務獨立，都必須要由 2 人建立共識，訂定財務目標，並且一起為達成這些目標做準備。

如果你和另外一半一談到這些議題時，對方不是顧左右而言他，就是常常心不在焉，那你可能要思考，對方是否是真心想要在人生的路上，與你攜手走下去了。

面向 4》留意彼此的用錢態度是否差異過大

對於用錢的觀念每個人看法不同，可能有人非常摳門、一毛不拔；有人則是海派作風，只要出門都是他在招待。這沒有所謂的對錯，只要彼此可以相處得來就好。

但是會影響到 2 人關係的是什麼？那就是有無未雨綢繆、願意為未來做準備的觀念。2 人在一起共組家庭，要能夠長久

走下去，應該是把彼此視為一個共同體，在財務上應該建立共同的目標，例如購屋、存子女教育基金等。

在實務上，常看到雙方無法在金錢觀上建立共識的例子，例如太太想存錢，先生卻是標準的「月光族」，從不存錢；或是太太對家中的財務現況很焦慮、希望趕快改善，先生卻還是每月刷卡 5 萬～ 6 萬元招待朋友吃喝等。這些金錢觀的差異，未來只會造成 2 人無謂的爭執。

當 2 人交往進入穩定關係，甚至要共組家庭，此時生活不再是充滿玫瑰花、蛋糕、蠟燭的浪漫情境，而是開始接觸到彼此的財務狀況，如債務、帳單等。這些事情也許很煩人，但寧可在事先發現彼此的差異性，而不是等到結婚後才發現原來有這麼大的落差。

舉例來說，你認為至少應該把每月收入的 15% 存下來，進行長期投資，但是對方卻覺得你們都還年輕，錢再賺就有，辛苦工作本來就是要享樂、沒有必要存錢。這時你可以跟他溝通，把部分收入存下來，不代表你們就不能旅遊、吃大餐，透過編列預算的方式，還是可以適度花錢亨樂，凡此種種，如果

2 人能夠在婚前，於財務議題上做好充分溝通，將有助於未來
家庭的和諧與穩定。

💡tips 相關網站資訊

網站	網址	QR Code
最可怕的婚姻殺手！現代人的十大離婚主因！	dailyview.tw/Daily/2015/04/18	

2-4
情侶買房應以契約保障權益 避免糾紛

　　瑞昱與亦菁是一對情侶，他們交往 3 年多，已經論及婚嫁。某一天，亦菁提議買房，於是他們各向父母借了一筆錢作為頭期款，買了 1 間 40 坪、1,200 萬元的房子，房貸都是瑞昱在繳，沒想到一起生活後，發現彼此在生活習慣、用錢觀念等差距很大。

　　後來討論到婚事的時候，婚禮的開銷變成是壓垮他們感情的最後一根稻草。瑞昱希望簡單節省一些，婚禮不要花太多錢；亦菁認為人生只有一次，應該留個美好回憶，不應該什麼都要省，錢再賺就有。在雙方各執己見的情況下，最後選擇分手。

　　由於當初買房時，房子是登記在亦菁名下，但卻是用瑞昱的

名字去辦理的貸款。這下子他們面臨難題：房子要不要賣掉？如果不賣掉，亦菁把房子移轉回去給瑞昱，聽說還有土地增值稅與贈與稅等問題。

買房後結婚 vs. 買房後分手

情侶也許會一起投資，如買股票、基金等，這些都比較簡單，如果要分手，把資金贖回後再分就好，但買房子卻不太一樣。如果是婚前一起買房，登記在女方名下，但是都是男方在繳貸款，可能會有 2 種結果：

結果 1》結婚：婚前買房非屬法定財產制的婚後財產

如果是婚前買房，房子登記在女方名下，即使全部都是男方在繳貸款，但等到 2 人結婚後，這間房子仍算是女方的婚前財產，而非結婚之後的婚後財產，因此不會被列入「夫妻剩餘財產分配請求權」的範圍。

財產可以分為「婚前財產」和「婚後財產」，而夫妻剩餘財產分配請求權都是以「婚後財產」為請求權的範圍。意思是說，假如婚前買房，主要是男方出錢，但是登記在女方名下，即使

結婚了，除非雙方協議好，否則離婚時，男方也無法藉由夫妻剩餘財產分配請求權，分到房子的任何價值。因為 2 人在婚前買的房子，若登記在其中一人名下，就屬於個人特有財產，即使結婚後，也不屬於夫妻「法定財產制」下的婚後財產。

不過，如果是婚後才買的房子，即使只登記在一人名下，仍屬於夫妻法定財產制的婚後財產。雖然在此情況下，房屋登記人不需經另一半同意就可以賣掉房子，但是在婚姻關係消滅時，現存之婚後財產，另一半可行使夫妻剩餘財產分配請求權（詳見第 3 章）。

結果 2》分手：交往時買房應簽訂借名登記契約書

如果 2 人只是情侶關係，沒有結婚，彼此在法律上沒有任何關係，也就沒有相關規範或保障，這時可以做什麼？

①請對方返還房產

依《土地法》第 43 條規定可知，已登記不動產所有權之登記名義人（出名人），依法享有該不動產之所有權利（註 1）。如果雙方確實有借名登記之事實，而女方也願意返還不動產所有權者，這時雙方可以利用贈與或買賣等方式，依政府規定，

向地政機關申請所有權移轉登記，稱為「合意返還」。

②訴請法院判決返還

如果雙方談不攏無法和平解決，最後只能對簿公堂，循司法途徑訴請登記名義人返還該不動產。情侶購屋糾紛最常見的是男方出錢買房、登記的卻是女方名字，結果在分手時女方認定「贈與」，而男方堅持是「借名登記」，因此鬧上法院。

什麼是借名登記？就是雙方有簽訂「借名登記契約書」（詳見圖1），約定當事人約定一方（即「借名人」）將自己之財產以他方（即「出名人」）之名義登記，而仍由自己管理、使用、處分，他方同意就該財產為出名登記之契約。

以上述案例來說，如果男方（借名人）出錢買房，並將房子登記在女方（出名人）名下，雙方有簽下一份借名登記契約書，訴請法院判決時，男方還是要負舉證責任。男方要提出像是借

註1：《土地法》第43條規定：「依土地法所為之登記，有絕對效力。」《民法》第759-1條規定，「不動產物權經登記者，推定登記權利人適法有此權利。因信賴不動產登記之善意第三人，已依法律行為為物權變動之登記者，其變動之效力，不因原登記物權之不實而受影響。」

圖1 借名人將財產以他方之名義登記
——借名登記契約書範本

借名登記契約書

茲因乙方同意甲方借用乙方名義，登記下列不動產產權，雙方成立契約條款如下：

一、不動產標的（詳細產權及權利範圍依地政事務所登記簿為準）。

　　土地：＿＿＿＿＿＿＿＿＿＿＿＿＿＿＿＿＿＿＿＿＿＿＿

　　房屋：＿＿＿＿＿＿＿＿＿＿＿＿＿＿＿＿＿＿＿＿＿＿＿

二、契約期間：自不動產產權登記於乙方名下之日起，至甲方處分或請求返還該不動產產權並完成所有權移轉登記之日止。

三、甲方為前揭不動產實際擁有人，乙方對該不動產無處分權、管理權及使用權。

‥‥‥‥‥‥‥‥‥‥‥‥‥‥‥‥‥‥‥（部分省略）

立契約書人

借名人（甲方）：＿＿＿＿＿＿　　出名人（乙方）：＿＿＿＿＿＿

名契約書、出資購買不動產的買賣契約書、支付價款或貸款的證明、相關保險費用、裝潢費用、代書費、房屋稅、地價稅繳款書等證明文件，或是長期居住該房地、房地出租等證明。

　　或者男方也可舉證，當初是以結婚為前提而贈與，屬於《民法》第 979-1 條規定的「附條件贈與」（註 2）。當女方不履行婚約，就等同條件解除，就沒有理由持有該被贈的禮品。

　　在此情況下，由於雙方有借名登記契約書的存在，因此，首先要做的是終止借名登記契約。這時男方可以依《民法》第 549 條規定（註 3），先終止借名登記契約，再依《民法》第 541 條規定（註 4），請求將房屋和土地的所有權移轉登記返還。

　　所以情侶婚前買房，保險一點的做法是再請律師寫一份借名登記契約，契約中載明實際付款人及所有權人，並清楚表明雙方因為協議關係，而暫時將房子登記在其中一人名下，如圖 1 借名登記契約範本中所陳述的內容。這可以避免將來感情生變分手時，房子拿不回來，因為對方可能會認為房子是你合意贈與給他的。

情侶買房的出資與登記通常有 2 種情況

　　一般來説，情侶婚前買房可能有「雙方共同出錢購買」和「一

方出錢購買,但房子登記在另一方名下」2 種情況分述如下:

情況 1》雙方共同出錢購買

房子最好登記為雙方共同持有,並在契約書上載明雙方出資比率,萬一以後分手,雙方才能以契約主張,分配不動產持有比率。不過要注意《土地法》第 34-1 條規定(註 5),若不動產所有權超過 2/3 的人,則有權利自行處分其不動產。因此,情侶合資買房,要避免一方持有權利範圍超過 2/3,以免產生未經對方同意就擅自賣屋的糾紛。

情況 2》一方出錢購買,但房子登記在另一方名下

在一方出錢購買並登記在另一方名下的情況下,除了前面所說的借名登記外,你還可以善用「抵押權設定」與「預告登記」來保障自己的權益。茲將後 2 種辦法分述如下:

註 2:《民法》第 979-1 條規定:「因訂定婚約而為贈與者,婚約無效、解除或撤銷時,當事人之一方,得請求他方返還贈與物。」

註 3:《民法》第 549 條規定:「當事人之任何一方,得隨時終止委任契約。」

註 4:《民法》第 541 條規定:「受任人以自己之名義,為委任人取得之權利,應移轉於委任人。」

註 5:《土地法》第 34-1 條規定:「共有土地或建築改良物,其處分、變更及設定地上權、農育權、不動產役權或典權,應以共有人過半數及其應有部分合計過半數之同意行之。但其應有部分合計逾 2/3 者,其人數不予計算。」

①抵押權設定

利用房地產向債權人或銀行借款時，在雙方成立借款合約時，為了保障債權，債權人會要求債務人將房地產透過地政司設定房地產抵押權登記。如果債權已屆清償期而未獲清償，抵押權人就可以依據《民法》第878條、893條的規定（註6），實行抵押權。也就是說，如果逾期不還款，債權人可享有法拍該財產後的優先受償權，所以設定抵押權的目的在確保債權拿回借款。

抵押權設定是將不動產設定抵押權給真正權利人作為擔保，例如房子是由男方出資購買，登記女方的名字，男方可以反設定（編按：指買賣過戶時，將所有權移轉和抵押權設定一起辦理）抵押權在權狀上。雙方寫契約去公證，如果到時婚結不成，女方又不返還房子，男方可以強制執行，權利會有保障。辦理的方式是：雙方訂立抵押權設定書面契約後，到房屋所在地的地政機關，申請辦理抵押權設定登記。

②預告登記

預告登記即為限制所有權，必須要經過對方同意才能售屋，其做法如下：預告登記是由登記名義人簽立一份「預告登記同

意書」（詳見圖２），表示同意該不動產在未辦妥所有權移轉登記給請求權人（即真正權利人）前，不得將不動產所有權移轉給第三人，並同意真正權利人依《土地法》第79-1條規定（註７），向地政機關申請預告登記。

採用預告登記的好處是，登記名義人不能任意把不動產移轉給第三人，未來不動產所有權要做移轉之前，也需真正權利人塗銷預告登記。而且申請預告登記的手續很簡便，只需照前述所説去做即可。

情侶買房若採借名登記，返還時可能產生 2 風險

前面提到情侶在婚前買房可能遇到的結果及應對方式，但要

註6：《民法》第878條規定：「抵押權人於債權清償期屆滿後，為受清償，得訂立契約，取得抵押物之所有權，或用拍賣以外之方法，處分抵押物。但有害於其他抵押權人之利益者，不在此限。」同法第893條規定：「質權人於債權已屆清償期，而未受清償者，得拍賣質物，就其賣得價金而受清償。」

註7：《土地法》第79-1條規定：「聲請保全下列請求權之預告登記，應由請求權人檢附登記名義人之同意書為之：1.關於土地權利移轉或使其消滅之請求權；2.土地權利內容或次序變更之請求權；3.附條件或期限之請求權。前項預告登記未塗銷前，登記名義人就其土地所為之處分，對於所登記之請求權有妨礙者無效。預告登記，對於因徵收、法院判決或強制執行而為新登記，無排除之效力。」

注意的是，若在婚前買房是採用借名登記，則在返還時，可能
會遇到下列 2 種風險：

風險 1》因返還借名登記之土地應課徵土地增值稅

借名登記之借名人與出名人間成立借名契約（例如男方出錢
買房登記在女友名下，男方為借名人，女方為出名人），並將
不動產所有權登記在出名人名下，故出名人取得不動產所有權
是有效的。

之後借名人終止借名關係請求出名人返還所有權，這是另一
次的所有權移轉行為。不論是私下移轉或是透過法院判決移
轉，都是屬於土地移轉行為，都得繳交土地增值稅，應就出名
人持有土地期間之公告現值漲價數額課徵土地增值稅。

有關於此，新竹市稅務局在稅務新聞〈返還借名登記土地
仍應申報土地增值稅〉（詳見文末 tips 網址或 QR Code）裡
有一個現成例子，有民眾購買土地，借名登記在弟弟名下，現
判決返還自己名下，是否要申報繳納土地增值稅？

對此，新竹市稅務局說明：「該民眾在 1991 年與弟弟約

登記名義人不可把不動產移轉給第三人
—— 預告登記同意書範本

預告登記同意書

茲為請求權人＿＿＿＿＿＿申請保全下列不動產所有權移轉之請求權，立同意書人保證除非經預告登記請求權人同意，禁止下列不動產做任何處分、設定負擔及影響預告登記請求權人一切行為，並同意請求權人依土地法第 79 條之 1 規定向地政機關辦理預告登記，特立此書為憑。

立同意書人(登記名義人)：＿＿＿＿＿＿　　　　　簽章：＿＿＿＿＿＿
身分證字號：
不動產標示

土地標示					建物標示		
鄉鎮市區	投	小段	地號	權利範圍	建號	門　牌	權利範圍

　　　　　中華民國　　　　　年　　　　　月　　　　　日

資料來源：新北市新店地政事務所服務中心

定，將自己出資購買土地借名登記在弟弟名下……，事後與弟弟間借名契約的返還請求權，在 2018 年間向法院提起訴訟。現經判決確定弟弟應移轉該土地予哥哥，則是屬另一次的所有權移轉行為，仍須申報土地移轉現值。

　　至於本案土地增值稅計算方式，是以弟弟登記取得土地時的

公告土地現值為原地價,並以 2018 年提起返還請求權訴訟時公告現值為移轉現值,計算漲價總數額,據以核課土地增值稅。」由此可見,借名登記在返還時,仍需要申報繳納土地增值稅。

風險 2》因返還借名登記之不動產可能被課徵贈與稅

國稅局核課贈與稅方式是以資金流向來判斷,男方出錢買房子卻登記在女方名下,即有可能被認定為贈與。可能會有以下的情況:

①**雙方合意移轉**:例如房子登記在女方名下,她同意移轉回男方的情形,抑或是由雙方成立訴訟上和解,事後辦理返還移轉登記時,恐怕會因國稅局無法審查認定其資金流向,因此需要被課徵繳納贈與稅。

②**透過法院實質審查,並就其移轉返還的原因為終止借名關係所為之確定判決**:國稅局會尊重法院判決,依據判決書來決定是否核課贈與稅。

所以情侶婚前買房登記在其中一個人的名下,可能會損失自

己應有的權益，若訴諸法律，希望要回財產，可能會需要繳納土地增值稅與贈與稅等，奉勸大家在婚前購屋時還是應該更加謹慎考慮。

💡 tips 相關網站資訊

網站	網址	QR Code
返還借名登記土地 仍應申報土地增值稅	www.hcct.gov.tw/ch/home.jsp?id=19&parentpath=0,2&mcustomize=taxnews_view.jsp&dataserno=201907150002&mserno=201509250013	

結婚

Chapter 03

共創夫妻雙贏

3-1
留意 **4** 重點
婚前做好財務健檢

　　如果你跟你的另一半已經感情穩定，已經是談論到婚嫁的階段了，你會跟對方談論錢的議題嗎？如果有長遠在一起的打算，有些事情你不能不在婚前弄清楚。

　　從戀愛到結婚的過程中，也許會因為金錢產生衝突，雖然這很掃興，但卻是必要的。結婚前除了了解對方的人品、操守之外，彼此的財務規畫、金錢價值觀，和對家庭支出分配的看法，2 人必須要有共識，否則婚後為錢吵架的可能性很高，財務問題是許多婚姻破裂的最主要原因。

　　美國猶他州立大學助理教授傑佛里‧杜（Jeffrey Dew）曾經發表了 1 篇報告──〈期待它：節儉的一對最幸福〉（Bank

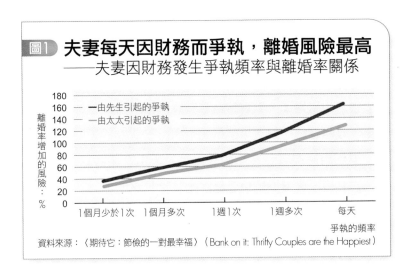

圖1 夫妻每天因財務而爭執，離婚風險最高
——夫妻因財務發生爭執頻率與離婚率關係

離婚率增加的風險：%

- 由先生引起的爭執
- 由太太引起的爭執

爭執的頻率

資料來源：〈期待它：節儉的一對最幸福〉（Bank on it: Thrifty Couples are the Happiest）

on it: Thrifty Couples are the Happiest，詳見文末 tips 網址或 QR Code）。該篇文章提到，在現代婚姻中，伴侶間關於金錢上的衝突是婚姻生活中最嚴重的問題。

財務上的不協調若長期存在，恐會產生許多的負面效應。相對於其他衝突，財務問題能更準確地預測夫妻是否會走向離婚。〈期待它：節儉的一對最幸福〉做了 1 項研究，發現夫妻若愈常因財務發生爭執，其離婚風險比愈少因財務發生爭執的夫妻，提高許多（詳見圖 1）。

實際在幫客戶做財務諮詢時，偶爾會發現到有夫妻對於處理財務是不同調的，可能是太太想改善家裡的財務狀況，但是先生卻不願意配合，不願意一起來做財務諮詢，其中有些案例，夫妻後來也離婚了。其實這些都有跡可循，例如太太會為未來規畫，積極存錢、投資，但是先生卻從不儲蓄、賺多少就花多少，更不用說有哪些長遠的計畫了。如果 2 人在財務上沒辦法建立共識，會讓婚姻缺乏穩固的基礎。

那麼在財務議題上，你們可以一起做什麼？以下幾項重點提供參考：

重點 1》清楚說明彼此財務狀況

就像有些人會在婚前做全身健康檢查一樣，財務健康檢查也是必要的。也許對方有學貸，或是在幫父母繳房貸等，這些都是正常的，對婚後的影響也許有限；但如果對方是有鉅額的債務卻隱瞞不講，那對以後的影響就大了。有人會以「財務資料是個人隱私」為由，不願坦誠相告，而 2 個人希望長久在一起，對自己的財務狀況還無法據實以告，我覺得這實在不是尊重對方的表現。

在你和另一半 2 個人一起攜手往前走的道路上，你不能夠只有愛情、不要麵包，因為這是一個現實即將需要面對的問題。如果説在結婚之前，你對於對方的財務狀況和金錢價值觀等都還搞不清楚，那麼你未來的婚姻可能就要面臨很多棘手的狀況。

如果你在婚前跟對方談過了，雖然彼此可能有歧見，但是對方願意配合做改變，那就皆大歡喜。而如果真的無法達成共識，因此無法在一起而分手，總比以後彼此爭吵受氣，至少你還保有選擇的權利。如果你不知道財務資料應該包含哪些內容，你可以下載「家庭個人收支預算表」（詳見文末 tips 網址或 QR Code），多多研究。

重點 2》了解彼此金錢價值觀的差異

對金錢的價值觀是個性使然，很難改變，一個人如果不知道要存錢，那可能是他還沒意識到他需要這麼做。但是如果他習慣逛網站亂消費導致薪水超支、瘋狂刷卡購物等；信用卡每月只繳最低金額，還借短期信貸，絲毫不知道節制，負債一直增加，這叮是很嚴重的狀況。

你可以坐下來跟他做溝通，如果他一點都不想做改變，表示他可能也沒有把你們的感情當一回事。那如果以後結婚生活在一起了，情況只會更糟，恐怕很難改善。

共組家庭後，財務是 2 個人的事，不再只是 1 個人的事情，在交往階段不要避諱談錢。如果婚後才發現彼此對金錢的價值觀差距太大，那還真的是災難。談錢也許庸俗，但是在一起生活，所有開銷都是要錢，健全的財務狀況是家庭和樂的基礎。

你不可能看到哪個家庭每天被錢追著跑，夫妻還可以相處融洽。短期的缺錢可以忍受，但是不良的金錢價值觀只會消耗家庭的財務資源，永遠存不下錢，也不能為將來做更多規畫。

重點 **3**》確認對方是否願意溝通「錢」的問題

如果你們已經論及婚嫁了，對方還是對他的財務狀況絕口不提。一個情況是他不希望你去插手管他的事情；另外一種狀況是，他在財務上可能有重大問題，而且不希望你知道。如果每次你跟他談財務的問題，他都岔開話題或是閉口不談，那我想你真的要考慮對方是否為適合的對象了。

有些人會以「薪資是我隱私的一部分」為藉口來搪塞，問題是，結婚就意味著 2 人是一體的，是願意一起打拼的。也許在日常的支出上，你可以說對方固定拿出多少來應付開銷，問題是以後呢？年老以後，其中一個體力不佳、身體有狀況了，還不是需要配偶照顧？所以難道不用共同提撥退休金，作為老年安養、醫療的準備？

因此，你應該了解對方薪資及全部的財務狀況：存款多少？是否欠債？也許婚後財務還是各自管理，但是讓對方知道各自的整體財務狀況，是基本應該做到的事。

重點 4》討論婚後財務管理並分配支出

如果結婚後雙方的財務要如何做管理：是合而為一，還是各自管理？如果是各自管理，屬於共同支出的房租、水電、瓦斯、管理費等，各自如何負擔？婚前彼此的支出項目，婚後還會繼續有嗎？

如果沒有經過事前溝通，到時可能會冒出一些讓你相當傻眼的支出項目，例如對方婚後還要資助家人，每月增加不少開

銷，或是他作風海派，常常愛面子充老大，每次都刷卡請朋友吃飯，讓你們每月的開銷都入不敷出等。

　　因此在婚前還是應該多花時間溝通，建立彼此的共識，減少以後在財務問題上產生衝突的機會，彼此互信，才能讓婚姻之路走得長長久久。

☀tips 相關網站資訊

網站	網址	QR Code
期待它：節儉的一對最幸福（Bank on it: Thrifty Couples are the Happiest）	www.stateofourunions.org/2009/bank_on_it.php	
家庭個人收支預算表	ifa-cfpsite.com/download/20200115budget.xlsx	

3-2
家庭理財 4 撇步
完成新婚夫妻財務計畫

2 個人交往後決定邁入婚姻，是很值得恭喜的事。但要從 2 個獨立個體變成 1 個家庭，並共同生活，需要調整、適應很多事，而家庭財務就是其中之一，也是非常重要的項目。很多人交往時甜蜜相愛，最後走向分手都是因為錢，因此，既然決定共同生活在一起，就必須把家庭的財務狀況，透過溝通，共同努力讓它步上正軌，成為建立穩定幸福家庭的基礎。以下就我多年幫客戶進行財務諮詢的經驗，給新婚夫妻提供一些家庭理財撇步：

撇步 1》溝通彼此的財務觀念

當 2 人在結婚時說「我願意」，許下彼此廝守終身的承諾時，

131

並不一定代表彼此在錢財的處理觀念上是一致的。

在實務上，偶爾會碰到很多夫妻雖然結婚了，但是在財務上卻是形同獨立的。2 人的錢財各自獨立、各自管理，先生可能連太太有多少財產都不知道。最糟糕的狀況是，彼此對用錢的觀念都不一樣，例如一方想省錢來存子女教育基金或達成其他財務目標，另一半卻不願意配合、還是我行我素，賺多少就花多少。有些是太太收入較不固定、生活費全部要靠自己賺，常常戶頭花到月底剩下 3 位數，先生雖然收入很高，但是也不會資助她半毛錢。說真的，我不知道這樣的婚姻有什麼意義？

婚後也許夫妻各自保有隱私與財務部分獨立是沒有問題的，但是如果彼此對錢財處理的態度差異太大、不能有所共識的話，長期下來可能會造成 2 人相處上的問題。建議找個時間，好好坐下來討論彼此的財務觀念與自身狀況。

如果 2 人的財務是各自獨立，還是有些共同的花費值得討論，例如房租、水電費等，雙方怎麼出錢？還是 2 人的錢就統一交給 1 人管理？你們可以討論諸如家庭的收入與開銷，如果有負債應如何償還等，然後在財務管理上達成共識。

如果是要將所有的錢都放在同 1 個戶頭進行管理，還是要合開 1 個聯合帳戶？由誰負責管理財務？多久時間彼此要坐下來，檢視一下最近家庭的財務現況？即使是交由 1 人管理，另外一半也應該要知道狀況。

用錢習慣也需要溝通，例如要買多少金額的東西算是重大花費，買之前要先和對方討論，如果親友向你借錢，處理的原則為何等，這些事先的溝通能夠避免往後衝突的發生。

撇步 2》建立共同財務目標

即使夫妻的財務各自獨立，2 個人還是需要建立彼此共同的財務目標。你們可以建立緊急預備金（3 個月～ 6 個月的家庭開銷）、設定 1 年～ 5 年的目標（如旅行、購車的預算等），以及長期的目標（如子女教育基金、退休金等）。你們可以開始利用記帳來記錄家裡的開銷都到哪裡去了，把家裡的收入支出都弄清楚了，才能開始做計畫：如何用每月可以省下的錢來投資、儲蓄，以完成你們所訂定的財務目標。

當然要做這樣的規畫，會牽涉到一些較複雜的財務數據，例

如財務目標所需的金額多少？何時要完成？以及有多個目標同時要做準備時，這些目標的先後順序該如何拿捏？用什麼工具可以來完成財務目標？要投入多少錢做準備？以你們現在的財務狀況，這些目標都可能達成嗎？如果有需要可以尋求財務顧問的協助，他們可以協助來完成這樣的家庭財務規畫。

撇步 **3**》養成記帳的習慣

為了完成你們的財務目標，建立家庭財務報表的資料是必須的，由這些資料可以找出哪些是合理的開銷，哪些是可以再做調整的支出。從建立每月的收支報表開始，最終在年度末可以產生如表 1 的年度收支報表，藉由這些報表的協助，你們將能夠好好控制家庭收支，把有效的財務資源用來完成財務目標。

要建立每月與年度的報表資料，記帳是有必要的，而且至少要持續幾個月的時間，直到家裡所有開銷都有確切的紀錄，以便開始控制家庭支出。

控制家庭支出就是希望盡量把家庭意外支出降低，把省下的錢做計畫性的消費，例如逛街會臨時購物，但是若能省下幾次

表1 從每月報表開始，整理出年度收支明細
——家庭年度收支報表範例

收入			支出		
項目	金額（元）	比率（%）	項目	金額（元）	比率（%）
薪資	804,000	88.1	生活費（含教育費）	383,460	45
獎金（年終、三節獎金）	67,000	7.3	非消費支出	63,164	7
			保險費	53,040	6
其他收入	12,000	1.3	負債攤還（房貸等）	181,815	21
理財收入	30,000	3.3	定期定額儲蓄	180,000	21
總收入	913,000	100.0	**總支出**	861,479	100
年度收支結餘（元）			51,521		

購物支出，明年旅遊基金就有著落了。如果不知要如何開始，不了解記帳包括哪些項目，可以下載「財務規畫資料問卷」（詳見文末 tips 網址或 QR Code）。

撇步 4》檢視各自的保單

你們應該找一個可以信任的壽險業務員或財務顧問，把 2

人的保單做一番調整，需要注意 2 項重點：

①更改受益人

結婚後應該把保險受益人第一順位改成對方，以免理賠時才發現另一半無法拿到保險理賠金。

②調整保障額度

結婚後總會希望萬一自己有風險時，另一半與未來的子女會有保障，不至於因為事故對生活造成重大影響，因此可以跟壽險業務員或是財務顧問討論如何做調整，在你們的家庭預算內增加保障，讓家人都能夠得到一份安心。

-♀- tips 相關網站資訊

網站	網址	QR Code
財務規畫資料問卷	www.ifa-cfpsite.com/new/questionnaire.pdf	

3-3
財務對話 3 要訣
化解夫妻間的衝突

當我在替已婚的客戶做財務規畫諮詢時，都會跟對方說，希望他們夫妻都可以一起參加面談，因為家庭財務是夫妻要一起面對的，不可能靠其中一人解決全部的問題。不過常常還是會碰到不少案例，從頭到尾只有一方參與財務諮詢，可能是因為夫妻財務各自獨立、規畫，而也有些極端的案例是太太想存錢、做財務規畫，但先生卻不這麼想，賺多少就花多少。

當然，夫妻在財務處理上有各自的看法很正常，但如果對金錢價值觀等差異太大，就有可能產生不小的糾紛。萬一彼此在財務問題上有不少的歧見，甚至常起衝突吵架，例如老公很迷3C，明明 1 台電腦用不到 1 年，看到更輕薄的新型號又心動想去買，太太就很不能理解，「1 台筆記型電腦可能可以用個

7 年～ 8 年，也不會壞，為什麼一定要浪費錢去換新的？」如果夫妻對財務不同調，甚至常起衝突，該怎麼辦？提供幾個要訣給你參考：

要訣 1》停止尖銳對話

如果你聽到另外一半說「又花了不該花的錢」時，你可能馬上血壓上升，於是這樣的對話可能就開始了：

「我們不是說好了，超過 5,000 元以上的開銷，要先跟對方討論再決定嗎？你又花了這麼多錢，這個月薪水你又沒有錢可以存了，我們到底還買不買房？」

「妳不是上個月才買了 1 雙鞋子，有需要買這麼多嗎？簡直是浪費，妳根本都不想存錢嘛！」

不過你要知道，上述這種尖銳的對話，對於改善你們的財務狀況沒有什麼幫助，因為每個人成長的環境、金錢的價值觀等，本來就會有所差異。因此，你應該停止抱怨，開始嘗試與你的另外一半建立一個財務上的對話，並且進行溝通。

也許你們在交往階段時，對財務議題並沒有多加討論，等到共組家庭，才發現原來彼此在用錢的觀念上差異這麼大。但事已至此，財務問題一定要共同面對，有了共識後，才能有共同的目標，讓家庭財務資源，可以有效運用在未來財務目標上。

因此，在爭吵衝突後，你應該靜下心來，好好找你的另外一半做溝通，開始傾聽與同理心面對另一半的差異，彼此協調出一個雙方都可以接受的模式，讓家庭財務規畫可以按照這個模式運作下去，不要讓財務的問題變成夫妻失和的導火線。

要訣 2》持續溝通，避免衝突

對話要談些什麼呢？就是找出大家對於彼此在財務上的共識。比如說你們的財務是交給你來統籌管理，結果到月底你才發現，原來對方上個月刷了一筆 5,000 元的信用卡消費，家裡無端增加這筆支出讓你很火大。

此時也許你可以換個方式思考，你們可以財務各自獨立管理，但是對於共同的開銷要共同分擔，另外一半也需要每個月撥出一筆錢來做共同的投資，剩下的錢都各自運用。

另外，2 個人對未來生活的期待，以及共同財務目標是什麼？例如買房、退休準備等，或是其他想去完成的事。財務目標不一定都是這些硬梆梆的項目，你們也可討論彼此的夢想。

為什麼理財需要規畫？最重要的目的是，因為我們想有效利用財務資源，讓我們的人生過得更美好，而不是每天斤斤計較、什麼錢都不敢花。因此 2 個人的財務目標不應該侷限在既定的框架內，長期規畫如買房、存退休金等，這些固然應該持續進行，但是你們也可以規畫一些短期的、軟性的、彼此都感興趣的項目，例如買車、到冰島看極光等。

如果對於這些財務目標有了共識，接下來就是如何準備的問題了。你們可以把完成每個項目需要的時間、所需金額列出來，再看需要用哪些金融工具來進行投資、儲蓄。當你們有了這些財務上的雙向對話，建立共識後，衝突自然能夠減少，這對於增進你們的感情將會有正面的幫助。

要訣 3》定期針對財務議題進行討論

每天在工作、柴米油鹽、帳單的日子中度過，金錢上的壓力

肯定會讓不少夫妻覺得乏力，財務的問題讓很多人望而生畏，覺得太複雜，而也很容易變成是夫妻爭吵的導火線。

我們都知道該為未來多做準備，但是沒有目的的存錢，會讓人不知所為何來。而如果能夠把理財和你們對未來生活的期待、人生的夢想做掛勾，理財就不會是一件無趣的事。

但是你們在婚前可能也沒有做過財務上的對談，婚後也是公式化的工作、賺錢、花錢，夫妻也不會特意去為家庭財務做任何規畫，這時也許你們可以改變一下方式，嘗試開始進行財務對話溝通。先討論財務管理的方式，以及家庭的收支等；再來了解 2 個人對於人生有哪些夢想與期待，以家庭現有的財務資源，如何分配、運用等問題。

當 2 個人在財務上能夠有共識，家庭就有了穩定和諧的基礎，這能夠讓你們家庭財務健全，也可以逐步去完成你們的財務目標、實現夢想。我想，這會是一件很有意義、值得去努力的事。

3-4
把握 **3** 方向
打造健全的家庭財務

購屋可能是多數人的首要目標，但因為金額龐大，在理財上也要小心處理。在財務規畫上，我們看到有些人在購屋時，沒有好好衡量自己的財務狀況，以至於產生不小的損失。

舉例來說，李氏夫妻有個 5 歲的兒子，他們是雙薪家庭。李先生是從事業務性質的工作，因為收入不錯，夫妻 2 人每月薪資 21 萬元（李先生月薪 17 萬元、李太太月薪 4 萬元）。由於他們認為買房是一項不錯的投資，加上現在的房貸利率也低，因此他們除了自住房外，又買了另外 1 間房子作為投資，他們的財務狀況如表 1。

除了不動產外，李氏夫妻沒有其他的投資，而房貸支出也占

表1 李氏夫妻每月薪資合計為21萬元
—— 李氏夫妻每月收支狀況

每月收支狀況（元）			
每月收入		每月支出	
李先生收入	170,000	房貸	119,131
配偶收入	40,000	基本生活開銷	62,000
其他家人收入	0	醫藥費	600
		子女教育費	15,000
		其他	6,000
合計	210,000	合計	202,731
每月結餘（收入－支出）			7,269

了他們月支出的一大半，資產主要也都是不動產（詳見表2）。

　　但是意外的是，李先生工作產生變化，公司無預警的組織變動，他遭到資遣。換了工作後，薪資從原來的 17 萬元變成了 12 萬元，突然少了 5 萬元的月收入，讓他們家庭每個月透支 4 萬 2,731 元（＝夫月薪 12 萬元＋妻月薪 4 萬元－月支出 20 萬 2,731 元）。除了月收入減少以外，李先生的年終獎

表2 李氏夫妻年度結餘為10萬9944元			
──李氏夫妻年度收支與家庭資產負債狀況			

年度收支狀況（元）			
收入		支出	
年終獎金	420,000	房屋稅、地價稅	100,822
股利、股息	0	汽機車牌照燃料稅	17,440
其他	0	壽險保險費	195,981
		產險保險費	3,041
		所得稅	80,000
合計	420,000	合計	397,284
每年結餘（收入－支出，含每月結餘）			109,944
家庭資產負債狀況（元）			
家庭資產		家庭負債	
現金及活存	587,000	房屋貸款餘額	20,000,000
房地產（自用）	25,000,000	信用卡未付	0
房地產（投資）	15,000,000	其他	0
資產總計	40,587,000	負債總計	20,000,000
淨值（資產－負債）			20,587,000

註：從表 1 可知，李氏夫妻每月結餘為 7,269 元，1 年下來可有 8 萬 7,228 元

金也少了 10 萬元，由 42 萬元變成 32 萬元，調整後的家庭財務狀況如表 3 所示。

李氏夫妻開始思考要如何因應，他們每月最大的支出來自於

表3 李先生薪資減少，家庭每月透支逾4萬元
──李先生換工作後家庭每月及年度收支狀況

每月收支狀況（元）			
每月收入		每月支出	
合計	160,000	合計	202,731
每月結餘（收入－支出）			-42,731
年度收支狀況（元）			
收入		支出	
合計	320,000	合計	397,284
每年結餘（收入－支出，含月結餘）			-590,056

註：換工作後，李先生的月薪變成 12 萬元，使得家庭每月結餘為 -4 萬 2,731 元，1 年下來為 -51 萬 2,772 元。此外，李先生的年終獎金也由 42 萬元變成 32 萬元

房貸：自住房貸款 1,500 萬元，20 年期，利息 2%，月繳 7萬 5,883 元。另一間投資房，貸款 900 萬元，20 年期，利息 1.5%，月繳 4 萬 3,429 元。2 間房子加起來，每月要繳 11 萬 9,312 元。如果把投資用的房子賣掉，應該可以解決每月透支的問題，他們詢問房仲後，才知道附近的房價已經跌了約 3 成（2 間房子原先的買價及貸款資料如表 4）。

在此情況下，觀察李氏夫妻的資產負債狀況表，淨值從原來

表4 **李氏夫妻房產價格已下跌3成**
──李氏夫妻房屋貸款資料

項目	當初買價 （萬元）	貸款額度 （萬元）	自備款 （萬元）	當初市價 （萬元）	跌3成房價 （萬元）
房地產（自住）	2,200	1,500	700	2,500	1,750
房地產（投資）	1,300	900	400	1,500	1,050

的2,058萬7,000元，變成870萬3,524元（詳見表5）。

　幾經討論之後，李先生和太太決定賣掉投資性不動產，每月減少了4萬3,429元房貸支出，雖然他們因此虧了一些錢，但是至少每月不再透支，家庭的財務狀況就好多了。

　等到事情都處理得差不多了，2人開始思考起一個問題：他們沒有什麼理財計畫，有錢就去買房，但事後回想，應該有更好的理財規畫方式。

　他們希望把家庭財務做個有系統的整理，於是他們上網找了財務顧問進行諮詢，經過2次約談後，財務顧問為他們點出

表5　李氏夫妻資產淨值減少至870萬3524元
——房價下跌後，李氏夫妻的家庭資產負債狀況

家庭資產負債狀況			
家庭資產（元）		家庭負債（元）	
現金及活存	227,000	房屋貸款餘額	19,523,476
房地產（自用）	17,500,000	－	－
房地產（投資）	10,500,000	－	－
資產總計	28,227,000	負債總計	19,523,476
淨值（資產－負債）			8,703,524

幾個方向：

方向 1》用 3 指標衡量家庭財務是否健康

用下列幾項財務指標，衡量家庭財務是否健康：

指標①》負債比率

負債比率＝總負債 ÷ 總資產 ×100%

負債比率可衡量還債的能力，一般來説，負債比率愈高，財務負擔愈大，收入不穩定時，無法還本付息的風險也愈大。一般建議家庭的負債比率小於等於 50%，是比較健全的家庭財

務管理。

負債比率的數值愈接近零，代表財務愈健康；數值愈大則代表愈危險。就家庭而言，可保持適當的負債（如房貸），例如20% ～ 40% 是不錯的比率。但如果負債比率過高，代表過多財務資源用於房貸、負債等支出，恐影響生活品質。

以李氏夫妻的狀況為例，原先負債比率為 49%（＝ 2,000萬元 ÷4,058 萬 7,000 元 ×100%），但是房價跌 3 成，這負債比率變成 69%（＝ 1,952 萬 3,476 元 ÷2,822 萬7,000 元 ×100%），這就是相當大的警訊了。

指標②》負債攤還支出比率（負債收入比率）

負債攤還支出比率＝每年償債金額 ÷ 年收入 ×100%

這是指家庭到期需支付的債務本息與同期收入的比值，是衡量家庭一定時期財務狀況是否良好的重要指標。一般而言，負債攤還支出比率維持在 50% 以下比較合適，建議比率為30% ～ 50%。

以李氏夫妻的狀況為例，原先負債攤還支出比率為 48.7%

（＝房貸年繳金額 143 萬 1,744 元 ÷ 夫妻 2 人年收入 294
萬元 ×100%），後來李先生換工作，收入下降後負債攤還支
出比率變成 63.9%（＝房貸年繳金額 143 萬 1,744 元 ÷ 夫
妻 2 人年收入 224 萬元 ×100%），代表他們整年的收入有
6 成左右都用來做還債的支出，比率太高了。

而在債務支出比率（＝每月債務還款支出 ÷ 月收入
×100%，其中月收入包含「月薪」和「年終獎金 ÷12 個
月」，建議比率在 36% 以內）方面，李先生一家的債務支
出比率原為 48.7%（＝ 11 萬 9,312 元 ÷24 萬 5,000 元
×100%），後來李先生的收入降低後，債務支出比率變成
63.9%（＝ 11 萬 9,312 元 ÷18 萬 6,666 元 ×100%），
也是太高了。

指標③》速動比率

除了負債比率、負債攤還支出比率和債務支出比率外，還需
要留意「速動比率」，先說明「流動比率」，流動比率＝流動
資產 ÷ 流動負債 ×100%。

在企業財務學中，對檢視企業的財務是否健全，會以所謂的

「流動比率」來判斷，這是在看企業是否有足夠的流動資產可以支付流動負債（指 1 年之內需償還的負債）。

其中流動資產是指 1 年之內可以變成現金的資產，包括現金及約當現金、流動性金融資產（短期要出售的證券、短線操作的投資）、應收票據、應收帳款淨額、存貨等。

而速動比率的定義又比流動比率嚴格，因為速動比率中的流動資產不計入公司存貨，因此能夠反映出公司在不計存貨的情況下，是否有足夠的流動資產支付流動負債。速動比率若低於100%，代表公司很可能無法清償流動負債。

速動比率＝速動資產 ÷ 每月經常性開支 ×100%

在個人財務規畫上，我們把速動比率定義為「速動比率＝速動資產 ÷ 每月經常性開支 ×100%」。其中速動資產是指未發生資產本金損失條件下，能迅速變現的資產，主要有現金、存款、貨幣市場基金等。

一般來說，家庭流動性資產應至少能滿足家庭 3 個月～ 6個月的日常開支，因此，速動比率建議最少為 3 倍～ 6 倍。

我們看到李先生一家的速動比率原為 2.9 倍（= 58 萬 7,000 元 ÷20 萬 2,731 元），後來變成 1.1 倍（= 22 萬 7,000 元 ÷20 萬 2,731 元），這比率都相當低。

由於他們的資產都是非流動性資產（如不動產等），而現金等流動性資產太少，因此家庭財務會產生周轉困難。

方向 2》控制家庭支出，適當儲蓄與投資

李氏夫妻家庭原來債務支出過重，變成每個月都沒有結餘可以投資、儲蓄，而且房貸利率萬一調升，每月恐將多出 1 萬元～ 2 萬元的支出，將形成另一個負擔（原先有 2 筆貸款，利率各為 1.5% 及 2%，假設利率每次調升 0.5 個～ 1 個百分點，詳見表 6）。

賣掉投資用的不動產後，李氏夫妻每月將少掉 4 萬 3,375 元的房貸費用。之後，財務顧問另外協助他們利用記帳整理每月的支出，把支出降低了 1 萬 5,000 元。他們也開始把 1 萬 5,000 元，撥入一個獨立的投資帳戶進行 ETF（指數股票型基金）的投資。

表6 房貸利率調升，還款金額多出1～2萬元 ——利率調升0.5～1個百分點的還款金額變化					
2筆房貸利率變化	1.5%	2.0%	3.0%	4.0%	5.0%
	2.0%	2.5%	3.5%	4.5%	5.5%
每月還款金額（2筆合計）	117,745元	123,348元	135,027元	147,321元	160,210元

方向 3》生息資產比率愈高愈好，並應多樣化

在個人財務上流動性資產是指現金、存款、基金投資、保單現金價值等，可以馬上動用的錢；另外一種非流動性資產，例如不動產等，沒有辦法那麼快變成現金，房子可能因為供給過剩、行情看跌等因素，造成你想賣房但賣不掉，流動性就會有問題。

家庭財務上要另外考慮的一點是，生息資產比率是否過低？生息資產比率＝生息資產 ÷ 總資產 ×100%。其中，生息資產指的是可以經由投資、儲蓄等，產生利息、投資報酬等資產，例如基金、股票或投資性的不動產等。由此比率可以看出，投

表7 用4項指標評量財務狀況
——個人／家庭財務指標範例

現金流量				財務安全		
月餘絀（%）	年餘絀（%）	固定收入比率（%）	負債攤還支出比率（%）	負債比率（%）	流動比率（倍）	緊急預備金（月）
●37	●53	●73	●9.7	●14	●4.6	●16
資產效益				保險涵蓋		
儲蓄率（%）	儲蓄投報率（%／年）	生息資產比率（%）	生息資產報酬率（%／年）	本人（%）	配偶（%）	子女
●60	●0.4	●66	●0.6	●41	●45	●N/A

註：●代表良好、●代表需要持續注意、●代表需要持續改善

資等被動收入占資產的比重，因此比率是愈高愈好，代表有源源不絕的收入來源。

　　李氏夫妻的資產只有現金及不動產，其中雖然有投資性不動產，但因為變數比較大，房子買賣受到經濟、環境等影響較大，因此財務顧問建議他們，生息資產的形式可以更多樣化，不要只集中在 1 種～ 2 種類別。建議可以持有基金、ETF 等投資標的，產生股利、股息等投資報酬，而且隨時可以變現贖回，兼顧到流動性的需求，不會在想賣房時，因為買氣不佳或價錢

不好，想賣也賣不掉。

　所以在個人／家庭的財務規畫上，我們要兼顧到幾個層面，從財務安全、現金流量、資產效益、保險涵蓋等 4 項指標，去看個人／家庭的財務是否健全（詳見表 7）。

　就像紅黃燈警示效果一樣，在表 7 中如果出現黃燈（以●表示），甚至是紅燈（以●表示）時，就代表個人／家庭的財務出現警訊，需要做調整了。大家應該隨時檢視個人／家庭財務，確保維持在綠燈（以●表示）的健全狀態。

3-5
搞懂 4 問題
避開借款買保單的風險

過去有一段時間，高配息率基金的話題不斷，不論金管會如何三令五申，以「辦房貸再來買連結高配息基金的保單」這種的銷售方式，還是屢禁不絕（相關報導可看〈【獨家】理專騙客戶抵押房借錢買保單　金管會抓包（動畫）〉，詳見文末 tips 網址或 QR Code）。這些行銷手法誤導投資人，例如套利賺取價差、穩定配息比定存利率還高等，讓投資人以為買這樣的投資商品就有穩定的現金流，能夠每個月領配息，退休沒煩惱。

我們從財務規畫的角度來分析「用貸款買連結高配息基金保單」到底好不好。例如李氏夫妻年薪 112 萬元左右，月薪約 8 萬元（夫月新 4 萬 5,000 元、妻月薪 3 萬 5,000 元），

房貸、信貸相加總 500 萬元，每月還款金額 3 萬 5,082 元。

2 人的房貸本來已經繳清了，但是理專遊說他們，用房子辦理 20 年期房屋貸款 480 萬元，把這錢以躉繳方式（指只繳 1 次保費，之後可以不用再繳）購買了南非幣投資型保單。如此一來，房貸利率 2.8%，每月需要支付利息 2 萬 6,082 元，但是保單每個月可配息約 6 萬元，這中間有 3 萬多元的利差。李氏夫妻覺得很不錯，於是就去辦理房貸，也買了保單。

李氏夫妻月收入 8 萬元（保單配息不固定，因此未列入），生活費 1 個月 4 萬元，每月結餘約 4,918 元。他們的資產是一間自住房屋市值 800 萬元，投資資產 80 萬元（股票 50 萬元、債券投資 30 萬元）。負債是信用貸款 20 萬元、20 年期的房貸 480 萬元（詳見表 1）。實務上，「辦房貸再來買保單」應該要注意哪些事情？可分成以下幾項問題討論：

問題 1》釐清購買商品的用途或目的

現在定存利率大約只有 1%，我們都知道投資有風險，若購買投資型保單，而這種保單號稱每年報酬率可以達到 15% 以

表1 李氏夫妻家庭每月結餘約4918元
——李氏夫妻家庭財務明細

每月收支狀況			
每月收入（元）		每月支出（元）	
本人收入	45,000	房貸	26,082
配偶收入	35,000	信用貸款	9,000
		基本生活開銷	40,000
合計	80,000	合計	75,082
每月結餘（收入－支出）			4,918
年度收支狀況			
年度收入（元）		年度支出（元）	
年終獎金	160,000	稅金	110,000
		傳統壽險保險費	45,000
每年結餘（收入－支出，含每月結餘）			64,016

註：每月結餘為4,918元，1年下來共有5萬9,016元

家庭資產負債狀況			
家庭資產（元）		家庭負債（元）	
現金及活存	0	房屋貸款餘額	4,800,000
房地產（自用）	8,000,000	消費貸款餘額	200,000
股票投資	500,000		
債券投資	300,000		
資產總計	8,800,000	負債總計	5,000,000
淨值（資產－負債）			3,800,000

上，你應該知道這種是高報酬，但也是高風險的投資標的，甚至是投機性質的投資。所以可能只適合做短期投資，而不適合放長期，因為上下波動幅度會比較大。

如果你看中的是投資型保單的配息與房貸利息中間有價差，你應該看的是整體報酬率，配息加上本金的盈虧才是整體報酬率。如果賺了配息，本金還是虧損，那也是白忙一場。

若你把配息當成退休生活費的來源，你該關心的是配息會一直穩定下去嗎？如果配息是從本金來的，那配息就有可能會減少，最後甚至連本金都沒有了。

問題 **2**》先弄懂風險再投資

因為前述提到的投資型保單是連結南非幣投資標的，因此南非幣兌新台幣匯率的風險也是你要考量的。

從 2018 年 2 月 23 日玉山銀行的買匯價新台幣 2.482 元兌 1 元南非幣，到 2020 年 9 月 11 日的新台幣 1.798 元兌 1 元南非幣，南非幣已經貶值 27.6%（詳見圖 1）。

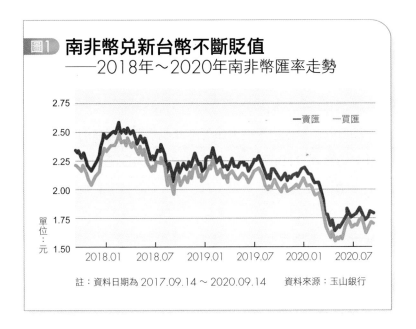

圖1　南非幣兌新台幣不斷貶值
——2018年～2020年南非幣匯率走勢

單位：元

2.75
2.50
2.25
2.00
1.75
1.50

—賣匯　—買匯

2018.01　2018.07　2019.01　2019.07　2020.01　2020.07

註：資料日期為2017.09.14～2020.09.14　　資料來源：玉山銀行

問題3》確認自身的風險承受力

　　我們一般在探討投資人對風險承擔能力會提到「風險承受度」（Risk Tolerance），這是個人可以接受投資不確定性的程度，偏向心理層面。但另外應該要注意的是「風險承受力」（Risk Capacity），這是財務上可承受風險的能力，是用來判斷如果投資失利、收入短少時，你是否可從其他地方取得收

入？萬一市場極端狀況發生時，才不至於讓你被擊垮。

就前面的案例來看，李氏夫妻辦理房貸去購買投資型保單，以他們的年收入 112 萬元，以及 80 萬元的流動資產來說，家庭的風險承受力並不高。如果不算他們每月配息的收入，每月只有結餘 4,918 元，年結餘只有 6 萬 4,016 元。

如果本金造成虧損或消失不見，他們將無法從其他地方挪錢來補足，甚至是背上 20 年貸款，每月增加至少 2 萬 6,082 元的房貸支出。貸款後，李氏夫妻的家庭財務產生的變化如下：

①負債比率

負債比率＝總負債 ÷ 總資產 ×100%。可衡量還債的能力，一般來說，負債比率愈高，財務負擔愈大，收入不穩定時，無法還本付息的風險也愈大。一般建議家庭的負債比率小於等於 50%。就李氏夫妻的例子來看，負債比率原本是 2.3%（＝ 20 萬元 ÷880 萬元 ×100%），貸款後一下子拉高到 56.8%（＝ 500 萬元 ÷880 萬元 ×100%），有點過高。

②負債攤還支出比率（負債收入比率）

負債攤還支出比率＝每年償債金額 ÷ 年收入 ×100%。是指家庭到期需支付的債務本息與同期收入的比值，是用來衡量家庭一定時期財務狀況是否良好的重要指標，一般而言，負債攤還支出比率維持在 50% 以下比較合適。就李氏夫妻的例子來看，負債攤還支出比率原本是 9.6%（＝信貸利息 9,000元 ×12 個月 ÷112 萬元 ×100%），貸款後升高到 37.6%（＝ 3 萬 5,082 元 ×12 個月 ÷112 萬元 ×100%）。

問題 4》配息若配到本金，最後可能血本無歸

按照市面上某檔高配息基金近 1 年的配息紀錄來看，配本金的比率（即本金／配息，其中配息為「可分配淨利＋本金」）至少都在 69% 以上（詳見表 2）。如果保單連結的投資標的長期這樣配本金，這保單會出現怎樣的狀況？

我們以李氏夫妻用 480 萬元買投資型保單、保單月配息 1.33%，以 10 年的時間模擬其配息 80% 都是來自於本金的狀況，20 年期房貸利率以 2.8% 及 4.8% 做模擬，試算每個月的配息及需要支付的房貸利息之間的變化。從圖 2 你會發現：從第 8 個年度開始，投資型保單所領到的配息已經低於

表2 某高配息基金配本金的比率皆逾69%
——某高配息基金近1年配息紀錄

月份	配息組成項目			年化配息率（%）	單月配息率（%）	單月含息報酬率（%）
	每單位配息（元）	可分配淨利／配息（%）	本金／配息（%）			
2019.10	1.740	12	88	15.88	1.32	-1.46
2019.11	1.740	15	85	15.78	1.32	1.61
2019.12	1.740	17	83	15.61	1.30	2.93
2020.01	1.740	29	71	15.83	1.32	0.05
2020.02	1.740	13	87	15.96	1.33	0.06
2020.03	1.740	31	69	15.82	1.32	2.34
2020.04	1.615	11	89	15.37	1.28	-3.25
2020.05	1.615	9	91	15.83	1.32	-2.39
2020.06	1.615	10	90	16.36	1.36	-2.14
2020.07	1.615	12	88	16.51	1.38	2.26
2020.08	1.615	6	94	16.00	1.33	4.64
2020.09	1.615	14	86	15.91	1.33	1.72

註：1. 此基金以南非幣計價；2. 配息的來源可能為本金，故而表格中的配息是指「可分配淨利＋本金」　　資料來源：投信公司網站

每月支付的房貸利息。

另外，從表 3 可以看到，第 85 個月（即第 8 年的第 1 個

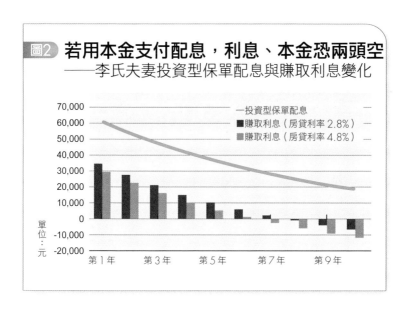

圖2 **若用本金支付配息，利息、本金恐兩頭空**
——李氏夫妻投資型保單配息與賺取利息變化

月），本金剩下 183 萬 6,989 元。以房貸利率 2.8% 來看，每月需要支付利息 2 萬 6,082 元，投資型保單的配息是 2 萬 4,693 元。這時能夠賺取的利息為 -1,389 元，已經變成負數了。如果房貸利率調升到 4.8%，則此時可以賺取利息是 -6,333 元。

如果你的流動資產達幾千萬元以上，這筆投資的 480 萬元即使虧損，也是你承受得起的風險。但是以李氏夫妻的年收入

表3 第8年後配息已無法支付房貸費用
—以房貸利率2.8%與4.8%試算賺取利息

年度	月份排序	投資本金（元）	配息（元）	房貸利率2.8%可賺取利息（元）	房貸利率4.8%可賺取利息（元）
第1年	1	4,511,482	60,648	34,566	29,622
第2年	13	3,967,997	53,342	27,260	22,316
第3年	25	3,488,985	46,916	20,834	15,890
第4年	37	3,069,557	41,264	15,182	10,238
第5年	49	2,699,797	36,293	10,211	5,267
第6年	61	2,374,543	31,921	5,839	895
第7年	73	2,088,489	28,076	1,994	-2,950
第8年	85	1,836,989	24,693	-1,389	-6,333
第9年	97	1,615,610	21,719	-4,363	-9,307
第10年	109	1,420,983	19,102	-6,980	-11,924

註：投資型保單第 1 年會扣除相關費用，因此投資本金會小於躉繳保費 480 萬元；房貸利率 2.8%，每月須支付 2 萬 6,082 元；房貸利率 4.8%，每月須支付 3 萬 1,026 元

及資產情況來看，萬一有虧損，他們沒有承擔能力。

　　如果他們投資在保單的本金全部虧損，而 480 萬元房貸還在，他們將要背負這樣的房貸長達 20 年，此時真的是要考慮保單是否該做適當地處理了。

tips 相關網站資訊

網站	網址	QR Code
【獨家】理專騙客戶抵押房借錢買保單金管會抓包（動畫）	tw.appledaily.com/property/20190424/R6DUYUTMSGF2NID5I7LVUQFUU4/	

3-6
2 階段規畫保險
補足婚後保障缺口

　　某次一位上過我的課的學員跟我說，她有一位準客戶因為看了我一篇關於保險公司可能會出問題的文章後，就猶豫要不要買保險。我從來不反對買保單，只是我在替客戶做財務規畫的過程中，看到許多人花了一堆錢，卻沒有買到應有的保障。例如夫妻 2 人年薪 60 萬元，1 年保費就花了 19 萬元，結果買的都是儲蓄險、終身醫療險等，不僅保費貴，醫療、壽險保障也明顯不足。

　　在預算範圍之內，要買到合適、符合自身需求的最大保障，應該是投保時首先要考量的事，保險最主要功能是保障，儲蓄、投資只是保險可以有的附加功能。但是我們看到現在的金融商品銷售環境，儲蓄、投資在許多時候變成主要訴求，保險

公司拚命推出短期儲蓄性質的保單，吸收客戶本來放在銀行定存的資金。金融從業人員一直在銷售商品，可能就忽略應該從整體財務規畫的角度，去看客戶需要多少保障、保費支出占家庭支出是否在合理範圍等。以下根據人生不同階段、不同需求，提供一些保險規畫的建議：

階段 1》30 ～ 40 歲：首選定期壽險＋醫療險

如果你是剛結婚、有家庭重擔的人，你會需要的應該是：萬一發生風險，你買的這份保單，可以提供給家人生活保障。這份保障是讓家人至少有 5 年生活費、可以把現有的房貸、負債等債務還清。如果配偶沒有工作，需要再就業，可以有些緩衝的時間，其他像是往後子女教育基金等也可以一起準備，把它列入所需要買的壽險額度內了。

①壽險

在這個階段你應該考慮到的是：如何用最少的錢、獲得最高的保障。我們前面所講的這些保障，要轉嫁我們可能發生的意外、疾病等風險，保險規畫運用的商品都是壽險而已，不是講意外險，因為壽險是不管意外或疾病都會理賠，但是意外險就

只有意外事故才會理賠。

　這個階段你不要再糾結於到底該不該買儲蓄險，或是壽險一定要買終身壽險了，先把你需要的壽險保障額度買夠了再說。如果預算有限，但是又把錢花在買儲蓄險與終身壽險，其結果就是你的保障額度與範圍可能會嚴重不足。

　因為終身的保費會貴很多，在剛開始建立家庭的時候，可能沒有太多的預算來花在保險上面，購買終身壽險會讓你無法買到足夠的保障。例如終身壽險 100 萬元，年繳 2 萬 9,500 元，定期壽險只要 4,000 元，同樣的錢買終身壽險只能買 100 萬元，但是定期壽險可以買到 737 萬元。因此，你首選的不是終身壽險，而是應該買定期壽險。

　人生最大的風險是來自於，子女還沒有長大成人之前，你的負擔是最重的，因為你有家庭、有小孩，你會希望萬一發生風險時，你的保險可以提供他們最多的保障。

　所以在 30 歲左右結婚，到約 55 歲孩子成年前，這個階段是你最需要壽險保障的時候。你應該用有限的預算，盡量把

壽險保障拉高。否則年繳 2 萬 9,500 元，20 年總共繳了 59 萬元，保障卻永遠只有 100 萬元，這樣的保障額度是不夠的。

　　這樣的資訊，你可以在「Finfo 保險資訊站」及「保險 e 聊站」（詳見文末 tips 網址或 QR Code）這些網站查到各家公司的費率（詳見圖 1）。不過保險 e 聊站費率偶有錯誤，最好再點選費率表進行比對。

②醫療險

　　同樣的狀況，不要執著於你的醫療險是否保終身。在買終身醫療險之前，你應該先購買定期型的實支實付醫療險，因為它保障範圍比終身醫療大，而且保費便宜很多。終身醫療險一般給付每日住院病房費、手術給付等，但是它有幾個缺點：

　　❶對於住院可能花費最大項目、健保不給付的，像是部分負擔費用，包含材料費、醫師指示用藥等。我們要自行負擔的部分，終身醫療險是沒辦法給付的。

　　❷終身醫療險是定額給付、固定賠多少，不會因為你住院花比較多錢，它就會增加給付。

❸終身醫療險的給付金額固定、不會隨著通膨調高，因此你現在買的日額病房費給付，在 20 年～ 30 年後可能變得微不足道了。

在某壽險公司網站上以「30 歲男性、每日病房費 2,000元」查詢，費率如下：

❶**終身醫療險**：終身健康保險年繳 3 萬 1,640 元（包含 14 單位每日病房費 1,700 元、出院療養金 700 元、定額手術給付，以及 7 項重大疾病給付）。

❷**新住院醫療定期健康保險附約**：年繳 6,353 元（包含每日病房費 2,000 元、雜費限額 10 萬 2,306 元，以及手術限額 4 萬 5,000 元）。

從這 2 個險種的保費你就可以知道，終身醫療險與實支實付醫療險的保費差距有多大了。另外，其他終身醫療險，有些會加入還本功能，因此保費會更貴。

終身醫療險與實支實付醫療險理賠上有何差別？例如子敏

圖1 **查詢各家保險公司壽險費率**
──Finfo保險資訊站資料

年齡 ⊞：30 歲	性別：男性　女性				職等 i：職等1	

XX人壽　∨

| XX人壽福滿人生終身壽險 (LWL3/T02H0) | 20年期 ▾ | | 100 | 萬 | 29,500 元 |

附約　選擇附約 / 批註條款 / 附加條款　-

新增附約

新增主約

年繳保費　29,500 元

| 年齡 ⊞：30 歲 | 性別：男性　女性 | 職等 i：職等1 |

XX人壽　∨

| XX人壽新定期壽險 (PT2/T02I0) | 20年期 ▾ | 100 | 萬 | 4,000 元 |

附約　選擇附約 / 批註條款 / 附加條款　-

新增附約

新增主約

年繳保費　4,000 元

資料來源：Finfo 保險資訊站

因病住院 3 天，此次住院部分負擔費用如下：病房費 1 萬 2,000 元（每日 4,000 元）、材料費 3 萬 5,000 元、醫師指示用藥 5 萬元。她分別買了病房費給付每日 2,000 元的實

支實付醫療險，以及終身醫療險日額 2,100 元（含出院療養金），請問子敏可獲得多少保險給付？從表 1 中可以看出，實支實付醫療險可獲得理賠 9 萬 1,000 元，終身醫療險則僅有 6,300 元。

因為實支實付醫療險的理賠項目包含病房費、手術費、住院醫療費（材料費、醫師指示用藥等）；終身醫療險理賠項目則為病房費、出院療養金、手術費等，沒有住院醫療費這個項目，但是這些材料費、特殊用藥等，可能會占自費金額極高比重，如果只買終身醫療險，這方面就無法獲得理賠。

階段 2》40 ～ 50 歲：選擇儲蓄險或投資型保單

如果你到 40 幾歲開始想要準備退休金，你可以用投資工具或保險來做規畫。這中間的差別只在於你選擇的工具是否符合自身需求、成本有多高，以及預期的報酬率與風險等。在保險上，你可以選擇儲蓄險或投資型保單：

①儲蓄險

如果你要用儲蓄險做規畫，因為現在保單預定利率很低，所

表1 實支實付醫療險理賠金額大於終身醫療險
——實支實付醫療險vs.終身醫療險

項次	項目	部分負擔費用	實支實付 醫療險給付	終身醫療險 日額給付
1	病房費 （元）	4,000×3＝ 1萬2,000	2,000×3＝ 6,000	2,100×3＝ 6,300
2	材料費 （元）	3萬5,000	3萬5,000	0
3	指示用藥 （元）	5萬	5萬	0
理賠總金額（元）			9萬1,000	6,300

以你要創造出同樣的退休金收入，必須要花更多成本。「72法則」可以做簡單的計算：在不同的投資報酬率下，你的投資本金多久會翻1倍？計算的方式就是用72除以報酬率，除出來的就是本金翻倍的時間。例如利率2%的時候，72除以2等於36，所以你用100萬元儲蓄，利率2%，36年該筆資金才會變1倍，也就是200萬元。但是如果利率有6%，則只要12年，100萬元就會變成200萬元了。

不是說不能用儲蓄險來做退休規畫，而是你可以分配，例

如你的退休收入可以分成 3 種來源：❶社會保險、公教保險等；❷可能來自於你買的儲蓄險、年金險等，可以把它當成一個比較穩定的退休金來源；❸此項最重要，你還是要拿部分的預算來投資，利用投資才能夠產生比較高的報酬率，可以創造出更多退休金的收入來源。所以我們只是利用保險相對穩定的特性，讓它成為退休收入來源之一，至於這個比率應該要占多少，那就由你自己來做決定了。

　　如果你要用儲蓄險做退休規畫，其中的險種大概分 3 類：增額型、還本型和利變型等。如果要計算投資報酬率，要看的不是預定利率或宣告利率，而是要看「內部報酬率」（IRR）。在實務上，保單可能會繳幾年後開始領回，若是將每一筆錢進出的時間點及金額納入考量後，所得到的報酬率，我們稱之為內部報酬率，這才是真正的報酬率。

　　以某壽險公司網站上，儲蓄險中的還本型終身保險為例子來看：從 50 歲年繳 40 萬 3,920 元，繳到 64 歲，至 65 歲開始，每年領 24 萬元直到 99 歲。如果用內部報酬率來算，它的 IRR 是 1.35%。不過要注意的是，如果活得沒有那麼久，例如到 79 歲、只領了 15 次 24 萬元沒多久就身故，這時會有身

．

故給付，金額是 426 萬 1,320 元，如果把這金額加入計算，它的 IRR 算出來是 1.36%。

如果將這筆錢放在銀行會變怎樣呢？假設同樣從 50 歲開始，每年存 40 萬 3,920 元到銀行，年利率都是 1%，存到 64 歲時，這筆錢是 656 萬 6,877 元；從 65 歲開始，每年從中領一筆錢做退休金之用，這時利率如果調升了，你每年可領的錢將如表 2 所示。

如果在 65 歲時，定存利率還維持在 1%，則從 65 歲到 85 歲，你每年可領 34 萬 4,798 元，若利率調升，可領的金額就會變多。但是如果你是用還本型終身保險做規畫，每年領的金額是固定的，不會調高，所以它會有這種利率的風險。

②投資型保單

投資型保單因為是風險自負，所以純就投資風險來說，與投資基金、股票等沒有什麼差別。但因為透過保險公司投資基金、ETF 等標的，成本當然會比你自己買基金、ETF 要多一些。

其中，有一種「類全委投資型保單」曾有一段時間銷售得不

表2 若利率4%，至99歲每年可領逾33萬元
——50歲～64歲每年將40萬3920元存入銀行

假設你從50歲開始，每年存40萬3,920元，年利率1%，存到64歲。自65歲開始每年領一筆錢出來，在利率調升和年齡變動下，每年可領金額如下：

利率	至80歲每年可領的 金額（共16年）	至85歲每年可領的 金額（共21年）	至99歲每年可領的 金額（共35年）
2%	47萬4,168元	37萬8,463元	25萬7,539元
3%	50萬7,568元	41萬3,597元	29萬6,716元
4%	54萬1,894元	45萬0,084元	33萬8,304元

錯，因為它號稱每月可配息（提解撥回，提解是每月會撥回給保戶的錢，可領現金或轉入再投資）。這種保單就像在投資基金，可配息，又有投資專家代為操盤，不用操心，感覺是可以利用做退休規畫的好工具。

　　不過，這邊提醒你，類全委投資型保單的報酬不能只看配息多少，它的整體報酬率的計算是將「以往配息」和「淨值漲跌幅度」加總計算。例如有 1 張類全委投資型保單，5 年來每年配息 6%，結果現在淨值跌了 35%，則其整體報酬率算下來其實是負值，為 -5%（＝ 5 年 ×6% ＋（-35%））。

圖2 ## 查詢類全委投資型保單的淨值、績效
——精財網App類全委投資型保單範例

範例1》
這張保單你可以看到，如果沒有配息，它從2015年到現在報酬率是3％，但是算配息後淨值報酬是-31.8％，也就是成立至今虧損31.8％。類全委保單原始發行價格都是10元，現在淨值6.82元就是跌了31.8％。而且每年還要支付1.25%的管理費，以及0.15%的保管費

範例2》
這張保單從2014年成立至今，未配息前淨值績效是-2.7%，配息後是-27.6%。所以可以合理懷疑：這保單配息可能都是來自於本金。若保單長期沒賺錢，一直在配本金，到最後你結算時，你會發現領到的配息加上淨值的虧損，算下來你的整體報酬率是虧損的。當然裡面還是有投資績效還不錯的保單，如果真的長期績效不理想，建議你還是找業務員，適當轉換

註：資料日期為2020.01.02　　資料來源：精財網App

關於這些類全委投資型保單的資料，你可以下載「精財網」
App（詳見文末 tips 網址或 QR Code），可以查詢到類全委
投資型保單的淨值、績效等資料（詳見圖２）。

綜觀上述可知，不管你是用保險做保障、儲蓄或退休規畫，
這中間還是有很多細節需要注意，可以尋求財務顧問的協助，
在評估你的財務現況與目標後，再提供你適當的建議。

🔅 tips 相關網站資訊

網站	網址	QR Code
Finfo保險資訊站	finfo.tw/	
保險e聊站	www.i835.com.tw/analysis/product.php	
精財網	www.sharpinvest.com/download.html	

3-7
夫妻共同決策
減輕家庭財務負擔

　　瑞銀投資者觀察（UBS Investor Watch Global Insights）有一項針對巴西、德國、香港、墨西哥、新加坡、瑞士、義大利、英國和美國等 9 國近 3,700 名已婚、喪偶與離婚女性的調查〈擁有你值得的：為什麼女人該掌控他們的財富以達成財務上的幸福〉（Own your worth: Why women should take control of their wealth to achieve financial well-being，詳見文末 tips 網址或 QR Code）。報告中談到，全球仍有近 60% 女性不會參與攸關他們財務幸福的重大事項，例如投資、保險、退休及其他長期的規畫（詳見表 1）。

　　為什麼這麼多女性只看眼前卻忽視了未來？這其中的原因有很多，每個國家情況不同，例如美國、新加坡的女性退出參與

表1 女性主導財務比率約只占20～22%
——5個國家夫妻主導財務事項占比調查

國家	先生主導（%）	太太主導（%）	共同決策（%）
美　國	54	21	25
英　國	62	22	15
德　國	60	21	20
香　港	71	20	9
新加坡	72	20	8

資料來源：〈擁有你值得的：為什麼女人該掌控他們的財富以達成財務上的幸福〉（Own your worth: Why women should take control of their wealth to achieve financial well-being）

長期財務規畫的決策，因為她們覺得先生懂得更多；義大利、巴西的女性認為她們有更緊急的事情需要處理；瑞士、德國的女性表示，她們的先生從來不鼓勵她們參與（詳見圖1）。

另外，該項調查提到，女性為何會順從讓配偶做投資？有82%的人說，我想配偶在這方面懂得比我多；68%的人說，我對規畫及投資沒興趣；64%的人覺得，老實說我覺得那是我先生的錢。全球有58%女性仰賴配偶管理關鍵性的長期財務決策，而亞洲像是香港、新加坡的女性，與配偶共同做決策

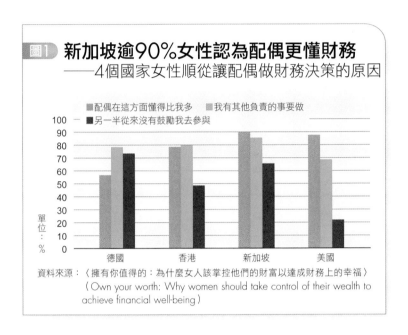

圖1　新加坡逾90%女性認為配偶更懂財務
——4個國家女性順從讓配偶做財務決策的原因

圖例：
- 配偶在這方面懂得比我多
- 我有其他負責的事要做
- 另一半從來沒有鼓勵我去參與

單位：%

X軸：德國、香港、新加坡、美國

資料來源：〈擁有你值得的：為什麼女人該掌控他們的財富以達成財務上的幸福〉（Own your worth: Why women should take control of their wealth to achieve financial well-being）

的比率更是低於歐美國家。

　　夫妻共同做決策有哪些好處？1. 有 95% 的女性認為，如果配偶發生什麼情況，我馬上就可以知道我們的財務狀況；2. 有 94% 的女性認為，我對我們未來的財務更有信心；3. 有 93% 的女性認為，我們一起做決策，失誤比較少；4. 有 91% 的女性認為，我對我們的財務覺得壓力變少了（詳見圖 2）。

此外，該項調查亦提到離婚與鰥寡的女性，奉勸女性應該多參與財務決策，其中有 74% 的人後來因為發現家庭財務不佳而遭受到驚嚇，76% 的人後悔沒多參與長期家庭財務決策，77% 的人鼓勵女性在財務上多採取主動。

假如身為太太的你，至今沒有為未來規畫、不參與長期家庭財務投資決策，可能會為你帶來風險，因為女性壽命比男性長。以下幾種狀況可能會對你造成財務上重大的衝擊，女性如果能夠及早做準備，參與家庭財務決策、學習投資理財等基本金融常識，也許可以避免掉這些風險。

風險 1》離婚可能會讓你的財產損失大半

根據內政部資料，2019 年台灣結婚率為千分之 5.62，創 2010 年以來最低點，2019 年離婚率平均千分之 2.3，則是創下 5 年來第 3 高（2017 年、2018 年皆為千分之 2.31），全年有 5 萬 4,346 對怨偶離婚（含相同性別之資料）。

註 1：夫妻剩餘財產分配請求權＝ 1/2 婚後財產（除了繼承或無償取得的財產及慰撫金外）剩餘財產之差額。

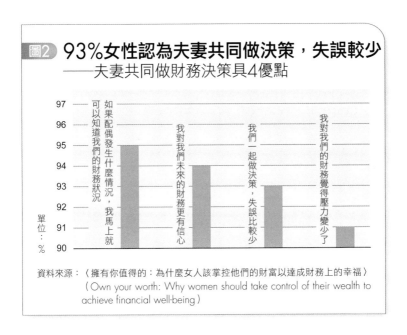

圖2 **93%女性認為夫妻共同做決策，失誤較少**
——夫妻共同做財務決策具4優點

資料來源：〈擁有你值得的：為什麼女人該掌控他們的財富以達成財務上的幸福〉
（Own your worth: Why women should take control of their wealth to achieve financial well-being）

　　依照我國《民法》規定，在幾種狀況之下，例如在夫或妻一方先死亡、離婚、結婚無效、婚姻被撤銷、或改為分別財產制或共同財產制等法定財產制「關係消滅」的情形下，夫或妻的一方均可向他方主張「夫妻剩餘財產分配請求權」（註1）。

　　也就是說，離婚時，看彼此在個人名下的婚後財產有多少，少的一方可以向對方要求分得對方財產差額的一半。

在夫妻剩餘財產分配請求權的計算中，現存的婚後財產，並不包括因繼承、無償取得的財產及慰撫金，所以如果是父母贈與的財產，或是繼承取得的財產，不算在此請求權的範圍內。但是婚後財產（指婚姻關係存續中夫或妻所取得之財產，例如婚後工作取得的薪水、投資產生的報酬等）是算在內的，因此，離婚可能會讓你財產損失大半，這點值得注意。

風險 **2**》衝動購買金融商品恐增加財損風險

金融業環境改變，銀行賣保險已經變成是保單銷售的最大通路。保險公司也因為長期處於低利的環境下，傳統保險不好銷售，因此業者紛紛改弦易轍，開發出相當多的新型態保單。

例如把保單包裝成每個月可以配息，讓人覺得條件相當吸引人。因為固定配息 5%、6% 比定存高很多，但事實上，它的本質就是一種投資型的保單，本金不但不保證保本，而且它的配息可能多數是來自於本金的。

你可參考這篇文章〈退休族拚規畫，投資型保單月配息又保本真完美？小心，「投資」兩字代表風險！〉（詳見文末 tips

網址或 QR Code）。

　　有些金融從業人員更厲害，慫恿客戶去做房屋貸款，貸款下來後，再讓客戶去買投資型保單。房貸利息約 2%，如果保單配息 5%、6%，中間有 3 個～ 4 個百分點的差距，他們美其名為活化資產、賺利差。例如 2019 年 Mobile 01 的 1 篇名為〈我長輩買 1000 萬的 xx 保單〉的文章，曾引起頗多人的關注。商品沒有對錯，有問題的往往是錯誤的行銷方式。該文提到，長輩本身只有 400 萬元（辦房貸借來的），又去貸款 600 萬元，全部 1,000 萬元都是借款來的。不但要付出 36 萬元利息，後續因為基金淨值下跌，保單要補錢進去，否則將面臨保單停效，像這樣的高槓桿操作實在不值得鼓勵。

　　面對這些五花八門的金融商品，你應該要抱持平常心看待、不要衝動購買。要有基本的金融常識做判斷，對其銷售的資料提出合理的懷疑：有風險嗎？風險多大？我需要去冒這個風險嗎？

風險 3》由單一方理財可能產生過度自信行為

　　10 幾年前曾發生過，某知名服飾皮件品牌，在負責人意外

過世後，太太才被告知公司欠債 3 億元、後來發現先生向包括地下錢莊等機構，借款 1 億多元，這個品牌一夕之間就消失無蹤。如果太太平常就有參與家庭財務決策的話，也許能夠及早預防這種現象發生。

男性理財也常有過度自信的行為，投資上喜歡炒短線、頻繁進出，無法達到良好投資績效。因此，若是夫妻共同理財，用女性的細膩彌補另一半的躁進，也許能創造更好的績效。而女性也應該多學習投資理財相關知識，加強自己的金融專業。

🔅tips 相關網站資訊

網站	網址	QR Code
〈擁有你值得的：為什麼女人該掌控他們的財富以達成財務上的幸福〉（Own your worth: Why women should take control of their wealth to achieve financial well-being）	www.ubs.com/us/en/investor-watch/own-your-worth.html	
退休族拚規畫，投資型保單月配息又保本真完美？小心，「投資」兩字代表風險！	wealth.businessweekly.com.tw/GArticle.aspx?id=ARTL000126324	

3-8
善用報稅新制聰明節稅
荷包不失血

芮莉與銘欽在前年買房，房屋貸款 630 萬元，今年報稅時，芮莉用自然人憑證下載了去年所得、醫藥費支出等資料。她以前都是下載完資料就直接做申報的動作，但是因為去年她生了小孩，因此就多留意了一下她醫藥費支出的金額，結果竟然發現資料上的金額跟她實際支出的金額不一樣，少了約 6 萬元。還好她有保留單據的習慣，因此醫藥費支出就以實際發生的金額申報。

孰料，芮莉與銘欽後來又收到國稅局通知要他們補稅。原來是他們在銀行存款利息有 6 萬元、房屋貸款利息 38 萬元，於是芮莉在申報時，就用儲蓄投資特別扣除額 6 萬元，自用住宅購屋借款利息 38 萬元去申報。

後來國稅局說明，他們的房貸可扣除金額只能用 30 萬元申報，而且銀行存款利息 6 萬元是不能申報的，因為納稅義務人申報綜合所得稅時，申報如果要列舉扣除自用住宅購屋借款利息，就必須先減除儲蓄投資特別扣除額。

申報綜合所得稅下載資料時，須留意 2 重點

現在每年一度的綜合所得稅申報很方便，你只要安裝國稅局的報稅軟體，然後以自然人憑證（或健保卡、電子憑證等）下載年度收入、保險費、醫藥費支出等資料，程式自動會幫你算出最有利的報稅方式，你在網路上完成申報即可相當方便。

你可能是用列舉扣除額，列舉上年度發生的醫藥費等支出，扣除額金額愈高當然愈省稅。雖然從電腦下載這些資料很方便，不過你還是要留意以下重點：

重點 1》下載後檢查金額項目

下載後需要檢查一下項目及金額是否有誤，免得多繳稅了。

重點 2》醫院可能會短報收入

　　理論上醫療院所應該申報每一筆收入，不過你從國稅局下載的醫藥費支出的金額，可能不是你全部花費的金額。醫院可能會短報，例如芮莉生產的醫藥費支出的金額，與她實際支出的金額不一樣，金額短少了。

　　因此醫藥費支出的收據，還是應該保留下來，等到要報稅時可以拿出來跟你下載的資料做核對。一般人會列舉扣除的項目大概有捐贈、保險費、醫藥費等幾種，只要稍加注意綜合所得稅申報就不會出差錯（詳見表 1）。

申報綜合所得稅時，留意 3 項目

　　在申報綜合所得稅時，須要稍加留意其中幾個項目：

項目 1》醫藥費

　　依照《所得稅法》第 17 條規定（註 1），因醫療發生的支

註 1：《所得稅法》第 17 條列舉扣除額中有關「醫藥及生育費」之規定：「納稅義務人、配偶或受扶養親屬之醫藥費及生育費，以付與公立醫院、全民健康保險特約醫療院、所，或經財政部認定其會計紀錄完備正確之醫院者為限。但受有保險給付部分，不得扣除。」

表1 綜合所得稅扣除項目分為3類

《所得稅法》第17條規定之扣除項目大致可分為3類：標準扣除額、列舉扣除額和特別扣除額。其中標準扣除額是指「納稅義務人個人扣

列舉扣除額	內容
捐贈	慈善機構或團體最高不超過綜合所得總額20%為限。國防、勞軍之捐贈及對政府之捐獻，不受金額之限制
保險費	人身保險、勞工保險、國民年金保險及軍公教保險之保險費，每人每年2萬4,000元。全民健康保險保費不受限
醫藥及生育費	金額不限，但受有保險給付部分，不得扣除
災害損失	金額不限，但受有保險賠償或救濟金部分，不得扣除
購屋借款利息	每一申報戶每年以30萬元為限。須先減除其申報之儲蓄投資特別扣除額之金額
房屋租金支出	每一申報戶每年以12萬元為限。但申報有購屋借款利息者，不得扣除

資料來源：《所得稅法》、明智理財網

出，可以自個人綜合所得稅之所得額中扣除，但是並不是所有的醫療單據，都可以列舉扣除，有可能之後會收到「綜合所得稅核定稅額繳款書」，國稅局會把你所申報的部分醫藥費支出剔除。

──《所得稅法》第17條規定之扣除項目明細

除12萬元；有配偶者加倍扣除之」，而另外2種扣除額之規定則如下表所示：

特別扣除額	內容
財產交易損失	以不超過當年度申報之財產交易之所得為限；無財產交易所得可扣除，或扣除不足者，得以以後3年度之財產交易所得扣除之
薪資所得特別扣除	每人每年扣除數額以20萬元為限
儲蓄投資特別扣除	全年扣除數額以27萬元為限。郵局之存簿儲金利息規定分離課稅之利息，不包括在內
身心障礙特別扣除	每人每年20萬元
教育學費特別扣除	大專以上校院之子女每人每年2萬5,000元。但空中大學、專校及五專前3年及已接受政府補助者，不得扣除
幼兒學前特別扣除	5歲以下之子女，每人每年扣除12萬元
長期照顧特別扣除	每人每年扣除12萬元

　　其實你只要有用健保去全民健康保險特約醫療院所就醫，其所開立的醫療單據原則上都可被國稅局接受，但是一些國術館等因為沒加入健保，這種單據當然就不能扣除了。還有其他像是愛美整形、養老／健康食品、保養身體、一般健檢等，因為

不是因病就醫,所以收據費用不能扣除。

另外,如果你的醫療單據已經申請過保險理賠,再拿來列報醫藥費列舉扣除額的,國稅局因可以掌握納稅義務人的保險資料,也可直接從納稅義務人申報的保險費列舉扣除額進行勾稽(指稅務稽徵機關運用相關資料比對、驗算,以發掘逃漏稅捐所採用的一種技術),因此,醫療費用已經有申請過保險給付的部分,還是要扣除後,才能列報為扣除額。

項目 2》保險費

本人、配偶和申報受扶養直系親屬的人身保險(包括人壽保險、健康保險、傷害保險及年金保險)的保險費(請注意,此處包含勞工保險、就業保險、軍公教保險、學生平安保險、農民保險、國民年金保險),於申報扣除當年繳納者,但是被保險人與要保人在同一申報戶,每一被保險人每年扣除數額以不超過 2 萬 4,000 元為限。

實際發生的保險費未達 2 萬 4,000 元者,就其實際發生金額扣除。但全民健康保險之保險費不受金額限制,且以被保險人眷屬身分投保者,毋須與被保險人同一申報戶。

項目 3》長期照顧特別扣除額

　　財政部 2019 年修正通過《所得稅法》第 17 條，新增每人、每年 12 萬元的長期照顧特別扣除額，採定額減除，不論是聘用看護、使用長照機構服務、入住住宿式長照機構或由家人自行照顧，只要符合衛福部公告的「須長期照顧身心失能者」條件者（2019 年起實施，2020 年起報稅適用）。

　　不過此條款有排富規定，有下列 3 種情形之一者，不適用長期照顧特別扣除：①經減除幼兒學前特別扣除額及長期照顧特別扣除額後，納稅義務人或其配偶適用稅率在 20% 以上；②納稅義務人選擇就其申報戶股利及盈餘合計金額按 28% 稅率分開計算應納稅額；③納稅義務人依規定計算之基本所得額超過規定之扣除金額（2019 年度為 670 萬元）。財政部試算，假設家中有 2 名身心失能者，2 人共可適用 24 萬元長照扣除額，在適用稅率 5% 的前提之下，可省稅 1 萬 2,000 元；假設適用稅率為 12%，減稅利益更高達 2 萬 8,800 元。

2020 年報稅新制：薪資費用減除方式二選一

　　2020 年，綜合所得稅申報其中的薪資所得計算方式有改

變，可以採「定額減除」或「核實減除」擇一擇優適用方式，在 2020 年 5 月申報 2019 年度綜合所得稅開始適用，可採取對自己最有利的方式申報。

2019 年度薪資所得計算，除原有減除薪資所得特別扣除額 20 萬元外，另得選擇檢附 3 項必要費用相關證明文件，核實自薪資收入中減除之方式。

不過可減除的 3 項必要費用，必須符合「與提供勞務直接相關且必要」、「由所得人實際負擔」、「重大性」及「共通性」等 4 原則。這 3 項必要費用及認列方式如下：

1. 職業專用服裝費：從事職業所必需穿著，且非供日常生活穿著使用之特殊服裝或表演專用服裝，其購置、租用、清潔及維護費用。每人全年減除金額以從事該職業薪資收入總額 3% 為限。

2. 進修訓練費：參加符合規定機構開設職務上、工作上或依法令要求所需特定技能或專業知識相關課程之訓練費用。每人全年減除金額以薪資收入總額 3% 為限。

3. 職業上工具支出：購置專供職務上或工作上使用之書籍、期刊及工具之支出。但其效能非 2 年內所能耗竭且支出超過一定金額者，應逐年攤提折舊或攤銷費用。每人全年減除金額以從事該職業薪資收入總額 3% 為限。

國稅局舉例說明，李先生為某基金公司專業經理人，2019 年薪資收入 800 萬元，為了解最新法規及金融商品操作，提升其專業知能，自費參加政府許可設立之職業訓練機構專業課程，當年度支付進修課程費用 30 萬元，已超過進修訓練費可減除上限為 24 萬元（＝ 800 萬元 ×3%），李先生得自其薪資收入 800 萬元中減除 24 萬元，申報薪資所得 776 萬元。

這與以往的報稅方式有何差別？以前薪資所得特別扣除額是 20 萬元，所以李先生的薪資收入 800 萬元中，可以減除 20 萬元，申報薪資所得 780 萬元。

不過現在他按照新的方式計算，因為他的必要費用是 30 萬元，不過最高可減除上限是收入的 3%，也就是 24 萬元（＝ 800 萬元 ×3%），於是他可申報薪資所得變成 776 萬元（＝ 800 萬元－ 24 萬元），如此　來，他的薪資所得降低，稅

表2 計算出最有利的綜合所得稅申報方式
──2018～2019年度綜合所得稅速算公式一覽表

綜合所得淨額 （元）	乘法	稅率 （%）	減法	累進差額 （元）	等於	全年應納稅額 （元）
0～540,000	×	5%	－	0	=	
540,001～ 1,210,000	×	12%	－	37,800	=	
1,210,001～ 2,420,000	×	20%	－	134,600	=	
2,420,001～ 4,530,000	×	30%	－	376,600	=	
4,530,001以上	×	40%	－	829,600	=	

資料來源：財政部台北國稅局

就可以少繳了。

　　至於如何申報呢？你可從以下2種方案中擇一適用：1.定額減除：維持以往申報方式，選擇使用「薪資所得特別扣除額」定額減除20萬元；2.核實減除：如果你選擇採用薪資核實減除新制，就不能享有薪資所得特別扣除額20萬元。又該如何做選擇？如果你的薪資收入低於222萬元，你的薪水222

萬元 ×9% ＝ 19 萬 9,800 元（9% 係指職業專用服裝費、進修訓練費及職業上工具支出等 3 項，每項上限各 3% 的加總），這金額比薪資所得特別扣除額定額 20 萬元可以扣除的金額還低，這時候你就不用傷腦筋了，還是選用薪資扣除額 20 萬元較划算。

　　但是如果收入超過 223 萬元，你就可以按照新增核實減除機制來報稅，當然因為職業專用服裝費、進修訓練費及職業上工具支出等 3 項單據減除費用，每項上限各 3%，所以你就要計算一下，你可列報的支出金額，是否有超過原本定額 20 萬元的扣除額，用這種方式申報才對你比較有利（詳見表 2）。

3-9
女性婚後維持經濟獨立
保障自身權益

在幫客戶提供財務諮詢的過程時，偶爾會碰到客戶有婚姻上的問題：有人說她跟先生不合，怕如果她先離開了，先生會把她留下的財產用光，不會去照顧他們的子女；有人是知道她先生有外遇了，想要離婚，但是又擔心一旦簽字離婚，自己名下的財產會被先生分走一大半。

現在的社會型態，人與人的關係時常會有很大的變化，花前月下、信誓旦旦地說要彼此廝守終身，但是可能沒多久就不敵外在環境的變化、誘惑而分手。碰到這些感情的變故，除了傷心落淚外，女性往往是相對弱勢的一方。例如某位女星嫁入豪門，離婚時男方卻以他名下沒有財產為由，行使「夫妻剩餘財產分配請求權」，要求女方支付男方 4,000 多萬元。但是其

實男方家庭環境優渥，他的經濟條件絕對比女方要好，只是女性可能往往因為不懂得在法律上如何保護自己，因此在婚姻問題處理上可能都居於劣勢的地位。

男女在感情甜蜜時，不會分彼此，反正都是一體的，談錢未免太俗氣。但是經歷了卿卿我我、你儂我儂的交往階段，真的在回歸到「柴米油鹽」的真實生活時，可能你才驚訝地發現：「這個人跟我個性、價值觀差異這麼大，怎麼會是我願意託付終身跟他一輩子走下去的人？」於是你可能就有了跟對方離婚的想法，但是對不起，一旦談到離婚就會牽扯到法律的問題。

依照我國《民法》規定，在夫或妻一方先死亡、離婚、結婚無效、婚姻被撤銷、改為分別財產制或共同財產制等法定財產制「關係消滅」的情形下，夫或妻的一方均可向他方主張夫妻剩餘財產分配請求權。

也就是說，離婚時，看彼此在個人名下的婚後財產有多少，少的一方可以向對方要求分得對方財產差額的一半。

這就是法律上的現實面：某位女企業家努力打拼事業，發現

老公外遇後想跟他離婚，卻還要考慮再三，因為她的財產比她先生的財產多很多。明明是對方的不對，妳跟他都無法生活在一起了，但是對不起，妳請他離開，妳還要雙手奉上妳財產的一半當分手禮。

女性朋友要如何在婚姻中保護自己？首先要知道的是，法律是保護知道的人，妳要先弄懂法律，才有辦法自保。關於夫妻剩餘財產分配請求權，有幾個要點容易引起錯誤認知：

要點 1》只限於婚後財產

夫妻剩餘財產分配請求權＝ 1/2 婚後財產（除了繼承或無償取得的財產及慰撫金外）剩餘財產之差額。而在此請求權的計算中，現存的婚後財產，並不包括因繼承、無償取得的財產及慰撫金。

所以如果是父母贈與的財產，或是繼承取得的財產是不算在請求權的範圍的，但是婚後財產（指婚姻關係存續中夫或妻所取得之財產），例如婚後工作取得的薪水、投資產生的報酬等，是算在內的。

要點 2》配偶過世可以行使

在夫或妻一方先死亡、離婚、結婚無效、婚姻被撤銷、改為分別財產制或共同財產制等法定財產制「關係消滅」的情形下，夫或妻的一方均可向他方主張夫妻剩餘財產分配請求權。

例如先生過世後，遺產總額 2 億元（都是婚後財產），太太名下財產 1,000 萬元，此時太太就可以先行使夫妻剩餘財產分配請求權，分得 9,500 萬元（＝（2 億元－1,000 萬元）×1/2），此時要課稅的遺產從 2 億元降為 9,500 萬元，要繳的遺產稅就降低了。

要點 3》法定財產制才能主張

依照《民法》規定，夫妻財產制分為「法定財產制」及「約定財產制」，其中約定財產制又可以分為「共同財產制」及「分別財產制」。若夫妻沒有在結婚前或結婚後，以書面契約提出就「共同財產制」及「分別財產制」中，選擇一個作為他們的夫妻財產制時，則法律規定會以法定財產制為其夫妻財產制。而夫妻剩餘財產分配請求權只有在夫妻財產制是法定財產制時

才適用，如果是約定財產制，就不能主張夫妻剩餘財產分配請求權了。

要點 **4**》釐清雙方離婚時財產歸屬

一般人若沒有特別約定財產制，一律適用法定財產制，也就是夫妻財產各自保有所有權、管理與使用權，債務也各自負擔。與分別財產制的差別在於，法定財產制當夫妻離婚或配偶死亡後，財產較少的一方，可獲得夫妻剩餘財產差額的一半。

分別財產制類似好萊塢明星的婚前協議，好萊塢巨星多半都身家不凡，他們也怕碰到有心人覬覦他們的財產，他們怕如果哪天離婚，辛苦掙來的鉅額財富被瓜分。所以在許下婚約之前，多半會提出簽署婚前協議書的要求，事先釐清婚姻中雙方的責任和義務，以及離婚時財產歸屬。

分別財產制至少可以做到，萬一妳碰到不求上進或婚後出軌的男人，妳不用在離婚時，還要讓他把妳辛苦賺的錢瓜分走；如果是再婚，辦理夫妻分別財產制可能也是向上一段婚姻的子女宣告，他的另一半，以後不能利用夫妻剩餘財產分配請求

權,在配偶過世時,先取得遺產的一半,減少了其他子女應繼承的財產。例如鴻海科技集團創辦人郭台銘與老婆曾馨瑩再婚後,就在法院辦理了夫妻分別財產制的登記,當然是否要辦理這樣的分別財產制,在結婚時一定要先溝通清楚。

了解這些法律常識後,處於相對弱勢的女性朋友,在婚姻議題上應該如何保護自己?若面臨以下幾種狀況,應採取法律行動自保:

狀況 1》一方不願分錢給配偶,故意賤賣名下財產時

如果夫妻彼此不合,或是有離婚的打算了,先生可能就會故意賤賣名下財產或送給小三,這樣即使太太申請剩餘財產之分配,可以分配的財產就會變少了,不過妳還是有辦法反制的。《民法》第 1030-3 條規定:「夫或妻為減少他方對於剩餘財產之分配,而於法定財產制關係消滅前 5 年內處分其婚後財產者,應將該財產追加計算,視為現存之婚後財產。」

所以如果有這種狀況發生,你是可以聲請法院撤銷這樣的贈與或買賣,把這些財產重新歸入夫妻剩餘財產差額分配請求權內計算的,如果對方脫產之後的實際財產不足以支付其分配額

時，亦可以向受益的第三人在受益範圍內請求返還（註１）。

狀況 2》差額平均分配的結果，對另一方顯失公平時

婚姻中太太一直努力工作賺錢，先生卻老是對工作挑剔不已，常常做沒多久就辭職不幹，在家待業遊手好閒，家庭生活費也不分擔，婚後買的房子頭期款及繳房貸也都是太太在負擔。如果要離婚，則太太辛辛苦苦存下的財產，卻要在離婚時分配一半給先生，這樣對太太即顯然不公平，這時太太可以請求法院減低或免除夫的部分或全部分配額。

當然如果走上法律程序，你需要提出對你有利的證據，所以諸如購買不動產的頭期款及繳房貸資金流向的證明，你都應該有相關的匯款明細、銀行存摺等資料以資證明錢確實是你出的（註２）。

註１：《民法》第 1020-1 條規定：「夫或妻於婚姻關係存續中就其婚後財產所為之無償行為，有害及法定財產制關係消滅後他方之剩餘財產分配請求權者，他方得聲請法院撤銷之。」

註２：《民法》第 1030-1 條規定：「法定財產制關係消滅時，夫或妻現存之婚後財產，扣除婚姻關係存續所負債務後，如有剩餘，其雙方剩餘財產之差額，應平均分配。但下列財產不在此限：①因繼承或其他無償取得之財產；②慰撫金。依前項規定，平均分配顯失公平者，法院得調整或免除其分配額。」

　　像前面所提到的嫁入豪門的女星，離婚時為何反被男方以夫妻剩餘財產分配請求權為由，向其請求需要支付給男方4,000多萬元？應該是男方名下沒有什麼財產，而其父母對法律也相當了解，在男方名下的財產都是父母贈與的，因此在算差額分配請求權時，這些財產是不列入計算的。所以嫁入豪門也未必可以分到好處，女性朋友在婚後還是要在經濟上保持獨立，維持自己的工作身價與能力，以免面臨婚姻事故時會失去應變的能力。

生子

Chapter **04**

傳承理財觀念

4-1
運用「延遲享受」概念
教導子女正確用錢

　　幾年前的母親節，在臉書（Facebook）上，很多人分享一則 YouTube 影片《世界上最辛苦的工作》（詳見文末 tips 網址或 QR Code）。

　　片中他們虛擬了一個營運總監的職位，面試官對來應徵的人提出多項難以達到的要求，「這個工作必須 24 小時待命、隨時準備工作、節日時特別忙碌、沒有時間睡覺及休息、要精於醫學、烹飪及財務，而且薪水是零！」求職者聽到這樣的內容都覺得不可置信，世界上怎會有這麼不合理的工作？最後面試官才公布答案，他說世上有數以億計的人正在擔任這個職位，那就是天下間的偉大母親。這影片特別感人，所以我想在這裡對全天下的媽媽們說：「謝謝你們，你們辛苦了！」

當媽媽真的很辛苦，要擔任各種角色，又有做不完的工作要做。不過還是建議媽媽們在辛苦之餘，還是要多花點心思培養子女的財務智商，讓他們以後有能力可以把自己跟家庭的財務處理的比較好。那麼在實務上，我們應該怎麼做，才能培養孩子的財務智商呢？可以先從分辨「想要」與「需要」做起。

人的欲望都是無限的，總是有太多想要的東西：尤其是物質層面的物品。我們每天要接受電視、網路、平面媒體廣告等誘惑，刺激我們去消費購買更多新奇的、好玩、好吃的東西。孩子所處的環境可能也讓他們接受不少的刺激，例如來自於同學、朋友的相互影響，產生互相比較的心理，例如誰擁有最新推出的新手機？拍照功能更好、速度更快等，因此引起大家的羨慕與讚嘆。於是回家也跟父母吵著要一支同樣的新手機，而這時候父母的反應，通常都是一句話回絕掉孩子的要求：「幹嘛？你以為我們錢很多？為什麼要買新手機？」其實，這時候就是跟孩子做理財教育的最好時機。

培養子女財務智商是最基本的工作

在培養財務智商方面，最基本也是最重要的工作，就是跟了

女釐清「需要」跟「想要」的分別，這是家庭理財教育很重要的議題，如果能夠讓孩子從小建立這樣的觀念，他們一輩子都將受用無窮。「想要」是一種欲望，是天馬行空的想像；「需要」是經過深思熟慮後，生活必需的，或是對自己別具意義的。

實務上你可以藉由訓練孩子運用「延遲享受」的方式，來培養他們正確的理財觀。不管你的經濟能力如何，你也許可以一擲千金，買下任何子女想要的東西，但是如果你事先沒有給他們正確的理財觀念，你這麼做事實上是在誤導孩子，讓他們以後沒有獨立自主的處理財務的能力。多數人家庭財務資源都是有限的，也是應該培養孩子在花錢上獨立自主判斷的價值觀。

延遲享受指的是，例如孩子現在可能很想要擁有某個玩具，可以不用急著馬上買給他，而是讓他把得到玩具的時間延後。可以訓練他先去了解這個玩具要花多少錢，讓他為了買這個玩具訂定一個目標，並教導他該怎麼去完成這項目標，例如存錢或多做家事獲得報酬，或是其他方式等。在他做了這些準備以後，也許幾個月後他存夠了錢，才去購買這個玩具。

對他來說，本來是馬上跟父母吵著要買的玩具，卻在幾個月

後才真正去購買。買玩具的錢也許不是很大的金額,你也都負擔得起,何必大費周張?因為這麼做有幾個意義:

意義 1》想清楚是「想要」還是「需要」

「想要」往往是一時的情緒問題,它可能不見得是真正的「需要」;多了時間的緩衝以後,可以讓孩子們再想一下,自己是否真的需要去買這樣的玩具或其他物品。

意義 2》學會對自己負責

不管孩子提出的要求多麼天馬行空,要買什麼樣的東西,父母都不要在第一時間去反對他,而是讓他了解他可以購買這些東西,但是他要學習為自己的行為負責。

舉例來說,孩子每個禮拜有 100 元的零用錢,如果想買一組 2,000 元的樂高玩具,父母可以跟他討論,他該怎麼做才能買到這玩具?他可能需要 4 個月~ 5 個月零用錢都必須省下來才能買,也就是説,這幾個月都不能買其他的東西,這樣他願意嗎?如果願意的話就可以教他該如何規畫、如何存錢。

意義 3》規畫自己的零用錢

給孩子零用錢是訓練他們使用金錢的一個好方法，你應該在每週或每月給他們一筆零用錢，讓他們可以自己決定如何來使用這筆錢。從中你可以訓練他們如何做決定、自己記帳、為支出做計畫，這樣的訓練，可以讓他們了解如何控制預算、做計畫性的支出等。

意義 4》實際從生活中學習

在生活中，若出現用錢的機會與情境，可以讓孩子們一同參與，例如未來某個連續假期，你們計畫要來一趟花東 3 日遊，你可以讓孩子在這個過程中，實際參與一些項目的規畫，如路線的規畫、活動的安排、飯店的選擇等。這些規畫都跟錢有關，交通、活動、住宿等都需要費用，讓他們參與討論，甚至是全權負責某一個部分的安排，這對孩子本身都是一個很好的訓練。

培養的孩子財務智商，不需要正經八百地教導複雜的金融理財常識，反而從生活上一點一滴的學習，讓他們從中建立正確的金錢價值觀、理財觀念等，只要有心、從小培養這種獨立自主管理自己財務的能力，這將會是你們可以傳承給子女的重要資產之一。

☼tips 相關網站資訊

網站	網址	QR Code
世界上最辛苦的工作	www.youtube.com/ watch?v=YhID_ WNy98&feature=youtu.be	

4-2
避免無止境的金錢援助
養出「啃老族」

前陣子我看了一本翻譯書《原來有錢人都這麼做》（The Millionaire Next Door，註 1），書中講到美國真正的富人是如何累積淨資產，但是我認為，其實它也是很好的子女教養參考書，因為「如何教出經濟獨立，而非啃老族的下一代」，也是這本書的重點之一。

根據美國家族企業研究機構調查，家族企業第 2 代成功接班的僅 30%，到第 3 代剩 12%，能夠傳承到第 4 代的更只剩 3%。此外，麥肯錫（McKinsey）顧問公司的研究報告也指出，全球「家族企業」平均壽命只有 24 年，其中僅約 30% 的企業可以傳到第 2 代。而台灣中小企業平均壽命更短，只有 7年～ 13 年，也就是說，很多企業在第 1 代手中就結束，根

本不必接班。

企業無法順利傳承，當然是跟很多因素有關，但是我們常說的「富不過三代」，這其中上一代如何教養下一代理財的觀念，子女是否有正確的理財觀念，跟他們的財富與企業能否長久持續，絕對有很大的關係。子女如果只懂得揮霍浪費，再多的財富可能一下子就被敗光了。

《原來有錢人都這麼做》書中說，「超優理財族」（在美國財富累積的前 1/4 人口）與「超遜理財族」（在美國財富累積的後 1/4 人口）的下一代有極大差異，超遜理財族通常會教養出超遜的下一代。如果孩子在一個高消費的家庭環境長大，金錢方面沒有限制、很少做預算與規畫、不懂節制，這些子女會沉溺在一種毫無節制、高消費的生活方式，他們賺到的收入，通常也不足以維持他們習以為常的生活型態。

與之相反的是超優理財族的成年子女，比較獨立、自律，原

註 1：本文僅就《原來有錢人都這麼做》一書中有關財務規畫的內容提出做討論，如欲看完整內容仍請購買原書來閱讀。

因是他們在一個勤儉持家、細心規畫,與紀律良好的生活教養下成長。若將超優理財族的消費水準和收入不及他們的家庭相比,超優理財族的生活更加簡樸。

與其幫孩子付錢,不如教他如何用錢

你會讓你的子女無限刷卡,還是給固定的生活費?你的財富可以讓子女有良好的基礎,提供他們好的教育,給他們釣魚的能力。還是你只會教他們吃好魚,錢來伸手、飯來張口就好?你的子女也許沒有你的能力與機運賺到這麼多錢,培養他們經濟獨立、有生產力,培養他們管理錢財、做計畫、做預算、學習投資理財,否則你有再多的錢也不夠他們花。

有錢人要培養出更弱的下一代,就是給子女 1 張信用卡,且無論子女刷了多少錢,你都會幫他們付掉。比較好的方式應該是,讓子女學會做規畫、預算,給他們固定金額的錢,如果有特別的需求,再提出申請預算。你的富有應該表現在,能夠提供給他們更多更好的教育、資源等,讓他們以後在就業、求職上有更好的發展,在人生道路的發展上有更好的機會。而不是讓他們覺得你的錢多到花不完,讓他們從小就養成浪費揮霍

的習慣。對於金錢的正確使用，正是訓練他們走向經濟獨立自主的重要關鍵。

　　超遜理財族因為沒有培養子女正確的理財觀念，讓他們習慣了家裡的高消費、不做控制的生活模式。長大後自己的工作收入，不能負擔得起這種高消費的時候，超遜理財族的父母不是叫他們如何努力工作提升收入，而是在經濟上出手幫他們，例如買房子、買名車等，這些子女自己無力負擔的東西。

　　《原來有錢人都這麼做》一書中提到，超遜理財族為子女擔心與操煩的事：

　　1. 成年子女以為父母的財富就是他們的收入。
　　2. 必須在經濟上資助他們的成年子女。
　　3. 他的家人／子女會為了他的財產而爭鬥。
　　4. 他會被指控在經濟上對某個孩子特別偏心。

超遜理財族的子女通常是：

1 被鼓勵消費而不是儲蓄投資。

2. 受贈金錢者通常完全無法區分：哪些財富屬於自己，哪些財富屬於父母。

3. 受贈金錢者遠比未受贈者依賴信貸。

4. 受贈金錢者的投資金額少於未受贈者。

因為超遜理財族的父母教他們如何花錢，把父母當成提款機，子女在外面不用努力打拼，反正缺少什麼，只要開口跟父母要就有。父母沒有原則地提供經濟資助，因此超遜理財族的成年子女，覺得父母的財富／資產就是他們的收入，可以隨便花，不夠再拿。

如果子女婚後找到 1 間適合他們收入可以負擔得起的房子，你協助他們付了頭期款，剩下的貸款他們要自己付，這是幫忙；但是你幫他們買了一戶他們負擔不起的豪宅，為了維持符合住在那裡的住戶形象，你還幫他們買了名車、貴重家具等，這就是不當的溺愛了。

此外，《原來有錢人都這麼做》書中也有提到，超優理財族的父母並不提供經濟資助保護，提供子女經濟資助保護的後果：成年子女收到得愈多，自己累積得愈少；拿到得愈少，累

積得愈多。超遜理財族的父母，通常認為他們的子女無法憑自己的力量，維持中上階級、高檔消費的生活方式，於是贈與金錢給子女。這些錢被子女拿來維持某種生活方式的開銷，大筆揮霍，購買象徵身分地位的商品和服務，於是富人的子女會缺少生產力，他們可能是職業學生，甚至無業在家，因為他們知道父母常常會給他們金錢，根本不用努力工作。

金錢資助子女應保有 2 原則

至於，幫助子女應該要有哪些原則？

原則 1》應該給孩子釣竿，而不是只給他們魚

讓子女接受良好的教育，這會幫助他們成為經濟上有生產力的人。除此之外，創造一個尊重獨立思考行為的環境，書中說 2/3 的美國富人除大學學費外，不曾收過父母的經濟資助。除了教育費以外，父母應該在經濟上做有限度的支援，不要讓子女予取予求。沒有節制的經濟上的援助，會培養出一個不會量入為出、不會管理自己的財務，做預算管理的超遜理財族的下一代，他們總是先消費再說，在經濟上表現不佳，且有亂花錢的習慣。

原則 2》放手讓他們自立，不要過度保護

書中舉了一個例子，富人的女兒要創業，他們希望子女不要有負債，因此給了她創業所需的資金，提供經濟支援，以提高她在美國創業成功的機會。住家裡免租金，一開始就不必為新創事業不賺錢而擔心，因此他們把她的負擔降低，提供她所謂的理想的創業條件。

這位富人的女兒創業會成功嗎？我想，機會應該很渺茫。如果你因為怕子女吃苦，在前面把可能碰到的困難都排除了，為他們的創業鋪好一條平坦的路，你其實是剝奪了他們學習成長的機會，也許你可以在他們創業成功業務穩定後，再補足資源就好。但是創業初期，還是應該讓他們自己去摸索、去嘗試，去體會失敗的滋味，這才能鍛鍊出成功企業家需要的特質。

書中寫了一些給富人父母的忠告，摘錄其中幾點，給富人父母的準則：

①永遠不要告訴子女，父母有錢。
②不管你多有錢，教你的孩子懂得紀律和節儉。
③確認子女已經成長到建立了一種成熟、有紀律，屬於成年

人的生活方式和職業後，才讓他們了解你是有錢人。

　④把有關孩子、孫子可以繼承什麼、受贈什麼的討論，降到最低。

　⑤永遠不要把錢或大筆禮物給子女當作談判策略的一部分。

　⑥不要插手成年子女的家務事。

　超遜理財族成年子女不會存錢，其中 1 個主要原因是，他們小時候一直被告知父母有錢；相反的，超優理財族會說：「我從來不知道我爸爸有錢。」含著金湯匙出生的孩子，如果不懂得父母賺錢的辛苦，父母又不會教育子女正確的理財觀念的話，他們會習慣沒有計畫地消費，不會投資、理財。父母的以身作則，可以讓他們學到如何具備正確的金錢價值觀，不會因為父母富有，就不把錢當錢，隨意浪費。即使你有再多的錢，那也是你辛苦賺來的，你的錢並不等於子女可以無止境花用。

　在財產的傳承上，你應該及早做規畫，這些財產可能用在成立信託、照顧後代子孫，或是做公益等用途，而非打定主意，財產非得一定要留給子女繼承不可。讓子女知道你的財產，你有決定如何使用的權利，這些財產你會決定如何分配，但是也許个會分給他們太多。他們也必須依靠自己的能力工作賺錢，

讓自己經濟獨立自主。

　　而你的處理方式，也將決定子女是否可以成為超優理財族。如果你是任意地給予經濟上的援助，甚至把錢當作是與子女談判的籌碼，讓他們迫於父母的壓力而屈服，子女會喪失對父母的愛和尊敬，取而代之的可能是，以勢利的眼光看待自己的父母。不要強迫他們過那種高消費、不符合他們經濟能力可以負擔得起的生活，否則你可能需要不斷地援助他們，而這種沒有原則的經濟資助，只會讓你的下一代變得經濟上沒有生產力，沒有理財能力，一輩子只能在父母的庇蔭下生活。

4-3
掌握 3 眉角
為子女準備教育基金

美國線上資產管理公司 Personal capital 曾做過一份名為「富裕家庭的財務調查」（Affluent Family Finances Survey）的報告，他們訪問了 1,001 位，年齡在 18 歲以上的富裕美國千禧世代（指 1980 年到 2000 年中期出生的世代）父母、他們擁有投資資產大於 50 萬美元（約合新台幣 1,500 萬元），調查他們對「為子女存大學教育基金」的看法。

報告指出，富裕美國千禧世代的父母，準備為他們的下一代，提供無前例及為期更久的財務支援。70% 的父母表示，以優先順序而言，準備子女的大學教育基金，比準備自己的退休金還重要。其中 40% 的父母表示，他們並沒有一個單獨的退休帳戶，他們可能還要再工作 15 年，這意味著他們可以

為退休金儲存的金額，大概會少於 45 萬美元（約合新台幣 1,350 萬元）。

10 個父母裡有 9 個説，孩子會期望他們去幫忙支付較大筆的金額，例如教育費、婚禮，或是買房子的費用；教育方面，父母也會希望為孩子支付 10 萬美元（約合新台幣 300 萬元）或更多的錢。

有趣的是，父母擁有資產的多寡，影響到了父母是否願意跟他們的子女，談論財務方面的事情。只有半數的父母説，孩子知道他們的薪資；不到 47% 的父母説，孩子知道他們的資產有多少。此外，有 97% 富裕千禧世代的父母，預計要為他們的子女留下多於 10 萬美元的遺產。千禧世代對自己，還有他們的子女，會有更多的期待，財富愈多，他們對子女的期待就愈高。

報告中説，40% 的父母心目中，只有想到子女的大學教育，完全沒有考慮到自己的退休金規畫，這是一件相當奇怪的事。因為子女求學只是階段性的幾年時間，父母的退休生活，卻可能是長達幾十年的時間。子女出國留學，也許到時候可申請就

學貸款或獎學金,但是父母如果沒有準備足夠的退休金,將來會造成更大的問題。

子女教育基金到底要如何做準備?應留意以下幾個眉角:

眉角 1》估算子女教育基金金額

如果只是在國內的基本教育費用,這比較不是問題,因為從小學到大學時間拉得很長,教育費用的支出分散在 16 年的時間(小學 6 年、國中、高中各 3 年、大學 4 年),不是短期內就要支出一大筆錢,因此一般父母比較不會為這個特別存教育基金,反而是出國留學,因為是短期而且金額大,才需要提早準備。

到底教育基金要準備多少?準備新台幣 500 萬元、600 萬元是基本的,例如以美國加州大學河濱分校(University of California Riverside Extension,UCR)來說,它是公立研究型大學,同時也是加州大學系統的 10 大校之一,根據美國新聞與世界報導(US News & World Report)的全美研究型大學排名,UCR 排在第 118 名。2 個學季(Quarter)的學費

是 1 萬 8,000 美元,1 年有 3 個學季,需要讀 2 年,算下來 2 年的學費是 10 萬 8,000 美元。生活費(有買車者,但買車費用另計)1 個月大約需要 2,000 美元,2 年下來約需 4 萬 8,000 美元。也就是說,在 UCR 就讀 2 年的時間,如果沒有拿到獎學金,則大約要花 15 萬 6,000 美元(約合新台幣 468 萬元,學費等數據僅供參考,費用請依照該學校最新公布資料為準)。

眉角 2》可同步規畫子女教育基金和退休金

先規畫子女教育基金,再來存退休金?這其實是完全行不通的,因為這 2 個項目都很重要,都需要事先準備。而且子女教育基金的準備比較有彈性,退休金規畫卻沒有,因為等到你退休,你已經沒有在工作、收入中斷的時候,你必須靠退休之前就已經做好的退休金準備,去過退休生活。

但是子女教育基金你可以應用貸款,申請獎學金、選擇學費比較省的學校、讓子女負擔一部分等方式來彈性處理。財務目標是規畫一生的路徑,退休與子女出國留學等,都是一生中需要規畫的財務目標,不要顧此失彼。

　　子女教育基金和退休金這 2 個目標其實可以一起規畫，例如俊宏 25 歲，婚後他們夫妻跟財務顧問討論後，他們 2 人每月可以拿出 1 萬 5,000 元投資。財務顧問建議他們，把錢做長期穩定的投資。

　　如果以年報酬率 6% 試算，假設俊宏夫妻在第 24 年與 25 年，各提領出 300 萬元作為子女出國費用，但是每月 1 萬 5,000 元的投資一直沒有中斷。如此一來，到 65 歲退休時，如果子女有出國念書，退休金有 1,472 萬元。但如果俊宏夫妻在第 24 年與 25 年沒有提領 600 萬元，則退休金會累積到 2,953 萬元（詳見圖 1）。

　　以這樣的例子來看，有提領子女教育基金，跟沒有提領子女教育基金，兩者到 65 歲退休時存下的退休金，差了快 1 倍。有提領子女教育基金者，中間雖然只有提領了 600 萬元，但是最後的金額卻是比沒有提領子女教育基金者少了近 1,500 萬元，差距可是不小。

　　雖然說如果你將退休金的一部分拿來規畫子女教育基金，會讓你的退休金縮水，但此舉卻能夠換來子女成就，也是不錯

的。不過人生是自己的,我只能告訴你這兩者之間的差異,但何者孰輕孰重,只能由你自行判斷了。

眉角 **3**》可用變額年金險累積子女教育基金

規畫子女教育基金,你可以選擇定存、保險、基金等投資工具,作為累積教育基金的工具。除非是距離子女出國留學的時間很短,否則不建議把錢放定存;儲蓄型保險現在因為保單預定利率很低,而且這種保單,因為都有部分的保額存在、但是額度一般不高,而這樣的保額的「保障」,卻會讓你多花一些成本。因此,實際上,儲蓄型保險投資報酬率會低於一般投資工具,如果你想要籌措教育金,這應該不是首選的工具。

如果你要選擇投資型保單當工具,可以選擇「變額年金險」,它是投資型保單的一種,好處是它不像一般傳統型投資型保單有保額的保障,因此有高額的前置成本要支出。

變額年金險沒有保障的功能,你所投資的錢扣除費用(保費費用、保單管理費等,一般約 3% 左右)後,直接進入投資。不過你應該避開全權委託帳戶型的變額年金險,因為這種保單

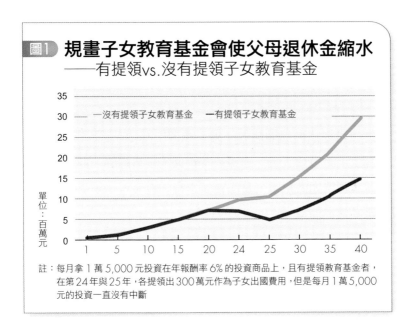

圖1 規畫子女教育基金會使父母退休金縮水
——有提領vs.沒有提領子女教育基金

單位：百萬元

註：每月拿 1 萬 5,000 元投資在年報酬率 6% 的投資商品上，且有提領教育基金者，在第 24 年與 25 年，各提領出 300 萬元作為子女出國費用，但是每月 1 萬 5,000 元的投資一直沒有中斷

的資產撥回機制，看起來好像是固定在做配息給你，但是其實它的來源可能是來自於你的本金。如果用投資工具規畫子女教育基金，你需要的是投資資產的增長，不是中間的配息，這種方式是完全沒有必要的，它反而會降低整體投資報酬率。

子女教育基金因為是特定的年度需要用到的錢，因此投資工具的選擇，就要考量到資金的流動性、變現性等因素。例如有

些保單投保後前幾年，如果要終止會扣除相當比率的手續費，
你會無法 100% 拿回原始的本金，因此投保年期的長短就要
注意到。

　你也可以找財務顧問做諮詢，選擇用基金、ETF（指數型股
票基金）等投資工具，選擇成本較低的投資標的，並做好資產
配置，再定期做檢視。實際嘗試之後你會發現，規畫子女教育
基金其實很簡單。

4-4
回應 3 問題
主動與孩子談錢

　　中國人常說：「富不過三代。」上一輩辛苦打拼下來的基業，可能經過 1 代～ 2 代之後，最後就被後代敗光了。然而這可能有幾個原因，有人是抱著「傳子不傳賢」的觀念，如果子女承接事業後又沒能力、無法善待員工，當然事業就會日益萎縮。但是最大的原因應該是跟後代子孫不知如何理財有關。由於缺乏財務智商，後代子孫即使繼承了龐大的遺產，不僅無法創造更多財富，可能連守成都有問題，再多的財產也可能會被敗光。

　　你可能會想，你只是一般中產階級，非大富大貴之家，不用擔心子女這方面的問題。事實上，處理錢財是一輩子的功課，而這是無論貧富貴賤，每個人都要面臨的問題，不會因為你是

中產階級，子女以後就不會碰到錢財處理的問題。如果能夠從小培養孩子正確的用錢觀念，讓他們建立財務智商，對他們的幫助很大，可以讓他們一輩子都受用。

如果子女年紀都還很小，要如何去跟他們談錢呢？他們可能才 5 歲、6 歲，都還沒開始上學，對多數的事情都還是懵懂未知，要怎麼去跟他們談到錢財方面的事？可針對以下幾個問題，和孩子共同談錢：

問題 1》父母賺多少錢？

當孩子問：「你賺多少錢？」你該怎麼回答？你是隨便打馬虎眼搪塞過去，還是答非所問？當然對於孩子來說，他們心智還沒有發展成熟到可以做出正確的判斷，但是在這樣的問題上也要避免去誤導他們。

如果你收入不錯，你講出的金額會讓孩子覺得你很有錢，當他們認為父母有花不完的錢，以後對一切事物可能會改變想法。他們會期待得到更多、買更貴的東西給他們，而這會造成他們養成錯誤的金錢價值觀。

艾美獎（Emmy Award）獲獎音樂家彼得‧巴菲特（Peter Buffett），在他所寫的《做你自己：股神巴菲特送給兒子的人生禮物》一書中說，即使他是股神華倫‧巴菲特（Warren Buffett）的兒子，也是流自己的汗、吃自己的飯。

彼得‧巴菲特在書中提到說，他曾經想換大一點的房子，要向他父親借錢卻被拒絕。後來他自己事業有成了，他覺得很感謝父親讓他能夠學會靠自己的能力獨立。他說：「自己只有通過自己的努力才能獲得真正的滿足感，這是父母的財產無法給予的，經濟浪潮起起伏伏，唯有人的價值觀是最穩定的貨幣，它永遠不會貶值破產，並為我們帶來豐厚的回報。」

此外，彼得‧巴菲特也提到，華倫‧巴菲特時常對子女耳提面命的一句話是，有能力的父母應該給子女一筆能夠做事，但不足以遊手好閒的財產。有個良好的開端是好事，但讓子女習慣於伸手要免費票，就是害人、幫倒忙。

因此，與其和孩子說這不關你的事，或是告訴他一個實際的金額，讓他有個錯誤的聯想，你可以回答他說：「我賺的錢足夠讓我們付水電瓦斯費、買得起車子，維持生活等。」

建立子女的財務智商最重要的功課是，讓他們知道父母如果能力許可，可以提供他們最好的教育、培養他們的能力，但是一旦出了社會他們必須要自食其力、不要想依賴父母。你可以出錢讓子女出國念書、培養他們的能力，讓他們出社會後有比較好的競爭條件，但是如果你連以後的出路都替他安排好了，子女已經非常習慣事事都在你的保護下成長時，他們不會去歷練、去闖蕩出自己真正的能力，對他不見得是一件好事。

問題 **2**》父母有多少負債？

你可以讓孩子了解你現在有負債，但是金額多少就不用揭露了，因為這筆負債可能會讓孩子覺得生活上多了不安、缺乏安全感。由於孩子還無法真正了解負債的意義，倒不如你可以利用這個機會跟他們溝通，以後怎麼去管理自己的財務，怎麼做讓自己避免去落入負債的狀況。

例如跟他們講解信用卡的觀念，以後當他們已經可以自己辦卡了，如何去做計畫性的消費？不要衝動消費結果為了買 3C 產品或手機，因為帳單餘額無法還清，而要多付出不少的利息，或甚至欠下一堆卡債無力償還等。

問題3》為何鄰居家有的東西，我們家卻沒有？

也許你們有能力擁有豪華的生活，孩子可能會覺得相當了不起，開始向朋友炫耀；但是如果你們的經濟狀況不好，孩子可能覺得沒有面子，在朋友間沒有什麼可以跟人家比較，他可能會產生一種心理，責怪父母為什麼不能賺更多錢，給他更好的生活。而這種比較的心態若不好好處理，當他長大後，可能在個人財務上會產生重大的問題。

你可以跟孩子溝通：「每個家庭處理財務的方式不一樣，而你選擇不像別人一樣把錢花在那些奢侈品上。你寧願把錢省下來，全家時常有機會聚在一起出去旅遊，或是吃頓豐盛的晚餐等。」讓孩子把注意力轉移到自己家庭的事情上，而不是跟別人比較。

財務智商的建立，需要你在生活上有耐心，一點一滴的從生活上相關事情上給孩子一些引導。這在初期你可能看不出效益何在，但是當他們長大成人、開始獨立生活後，你將可以發現他們因此在財務的處理上，心態上會比較成熟，不至於因為財務處理不當，讓生活產生重大問題。

4-5
讓孩子管理壓歲錢
培養「計畫消費」的習慣

過年時，你如何處理孩子的壓歲錢？面對這個問題，可能每位父母的處理方式都不一樣，因為「壓歲錢」是一種比較奇特的金錢來源，它不全然是該給孩子的錢。孩子在收到壓歲錢的同時，父母還要禮尚往來，也要給對方孩子壓歲錢。如果雙方包的金額一樣就罷了，問題是有時候父母包的壓歲錢，可能比對方送給自己孩子的金額還要多，因此，要把親友給的壓歲錢全部給孩子可能也説不過去。一般來説，父母處理子女壓歲錢可能有以下幾種方式：

1. 全部由父母收回統一處理，不給孩子。
2. 部分給孩子，其餘的由父母處理。
3. 全部給孩子，由他們自行處理。

不管你是採取哪一種方式，如果經過溝通、不會造成親子關係緊張就是比較好的方式，但是其實它是一個養成孩子學習理財的好機會。一般會給孩子壓歲錢的時間，是從孩子出生到他們長大成人出社會後，這可是長達 20 年的時間，你大可利用每年一次孩子會收到壓歲錢的機會，讓他們學習處理自己的錢，讓他們可以從中學習與培養正確的金錢價值觀。

如果你是採取第 1 種方式：孩子收到紅包後全部收回由你幫他們處理，你其實錯過了一個可以教育他們如何處理金錢的機會；當然該如何處理壓歲錢，沒有一個制式準則說，你一定要做怎麼樣的處理，但是如果採取第 3 種方法，全部交由孩子處理，你也沒有給他們任何規範的話，也是不恰當的；比較好的方式應該是採取第 2 種方式會比較理想，部分給孩子，讓他們學習如何管理自己的錢，部分則由父母處理。

讓孩子從小維持「財務上的健康」

正確的金錢價值觀不是說應該讓每個孩子養成一毛不拔吝嗇的習慣，而是合理的使用金錢。不管你的家境是有多富有，你都不應該讓他們養成揮霍無度、不把錢當錢的習慣。

中國人常說：「富不過三代。」第 1 代也許辛苦打拼，建立了龐大的財富王國，但是經過幾代以後，為什麼後人無法再延續前人的基業？它也許是有種種原因造成的，但是其中一個重要的原因應該是，前人富有後，後人開始養成揮霍的習慣，以至於龐大家產也在幾代之內敗光了。

天下父母心，父母在望子成龍、望女成鳳的心態下，無不盡力栽培子女讓他們學各項才藝、出國念名校等等。子女未來的專業能力等肯定都是有相當不錯的水準，但是有一樣是孩子在學校也很少有機會學習到的知識，那就是理財教育。

學校可以用各種課程栽培出各個領域的優秀人才，但是卻少有這樣的課程，可以教導他們正確的理財觀念。於是我們常常可以在媒體上看到這樣的新聞：年輕人即使都是「月光族」、沒有多少存款，但是對於國外歌手來台，卻願意花高價買演唱會的門票，花錢毫不手軟，或是蘋果（Apple）iPhone 有新機推出，即使手機才買沒多久，也毫不猶豫的換新機，寧願排隊 1 天～ 2 天也非得要追上流行去換新手機。

我們平常會去做體檢，藉由各項數據來告訴我們身體是否出

現狀況，我們利用運動健身、養生等方式來維持身體健康，而「財務上的健康」也是一項重要的健康指標。讓孩子擁有良好的財務智商、建立正確的金錢價值觀及理財習慣，是可以從小培養的。

如何利用孩子收到壓歲錢的時機教導他們，讓他們在以後也可以擁有「財務上的健康」，也許是你可以給他們最好的禮物。

也許你會想說，孩子不懂理財錢會亂花，因此把壓歲錢全部收回，你去幫他們放定存或買儲蓄保單等。父母用心良苦也都是為了替孩子著想，為他們的將來預作準備。不過你可以稍作改變，讓他們從小就開始學習如何理財。

學理財的重點不是把子女培養成未來的投資高手，而是在於養成他們「計畫花錢」的習慣。例如一個年輕人每月把錢花光光，戶頭都沒存款，但是韓星來台的演唱會，他買的是 6,000 元的票，只為了近距離看到偶像人物。你可以說他是不切實際的浪費，但是如果他是把該存的錢都存了，為了看演唱會他每個月存下 1,000 元，存了半年才能去看偶像表演，這就是計畫性地花錢，值得鼓勵。

孩子在收到壓歲錢時，他們可能以為錢都來得很容易，家裡親戚碰到他們都會給紅包，他們卻不知道父母也要回送對方的孩子相當金額的紅包。如果父母可以利用這個機會解釋紅包是如何來的，讓他們知道紅包不是憑空得到的。

進一步來說，如果父母可以讓他們留下部分壓歲錢，讓他們存在自己的帳戶裡，自己可以計畫如何花費的話，他們會有更多的學習理財的機會。

也就是說，可以利用過年子女都會收到壓歲錢的機會，讓孩子從小建立正確的金錢價值觀及處理財務的習慣，以及學習理財的機會。

為什麼需要給孩子這方面的財商教育？因為現在的孩子身處在一個充滿刺激、到處都是鼓勵你消費的時代，但是卻沒有人教我們的子女如何聰明消費、如何計畫性地花錢，以至於偶爾會在媒體上看到大學教授被詐騙電話騙了數千萬元等新聞。

一個人的高教育水準，並不表示他在財務決策上就具備同樣的財務智商，可以在財務抉擇上做比較正確的決定。學校裡面

對財商這方面的教育也相當缺乏，父母如果可以利用身教的機會，一點一滴的教導自己的子女，對於培養他們的財務智商有很大的幫助。

至於要如何利用過年時孩子都會拿到壓歲錢的機會，讓他們學習正確的金錢價值觀，以及處理財務的習慣呢？以下幾項要點提供參考：

要點 1》為子女開立戶頭

你可以考慮把部分的壓歲錢由子女自行保管，在銀行或郵局開一個他們自己的戶頭，讓他們學習如何處理自己的錢。也許手續上有點麻煩，例如需要父母都同意，還需要父母的雙證件（身分證＋健保卡）等，你可以事先打電話去先問清楚該準備什麼樣的證件，免得白跑一趟。

除了壓歲錢以外，平常你給他們的零用錢也可以放入此帳戶中。當孩子有了自己的戶頭以後，你就可以讓他們學習如何存錢、計畫性地消費。藉由這個帳戶，你讓他們學習自己記帳、到銀行或郵局辦理存、提款等，對他們都是一種滿好的學習。

你可以把大部分的壓歲錢存在另一個帳戶或購買金融商品，為子女儲存教育基金，同時留下一小部分的錢在他們的帳戶內，讓他們自己管理。

要點 **2**》與孩子討論用錢計畫

既然是子女帳戶的錢，你應該逐步讓他們百分之百擁有控制權，最終不再過問他們如何花費帳戶內的錢。但是在那之前，你可以先保管存摺、印章，讓他們在動用錢之前要先經過你的同意。你需要做的事是當他們需要用錢之前，先跟他們討論他們的用錢計畫，包括錢的用途及如何計畫性地儲蓄等。

一味地禁止孩子花錢是沒有用的，只要是正常的花費，與其去禁止他們花錢，倒不如跟他們討論為何要花這筆錢？如果決定要花，要怎麼去存到這筆錢？碰到孩子非常想買的東西，經過討論後可能他們覺得需要不再是那麼迫切，甚至可以不要買，或是他們可以接受其他替代方案。

通常在衝動之下買的可能不是真正想要的東西，如果是孩子對那東西真的很感興趣，他們會願意花時間等待。訓練他們延

遲消費的習慣，透過有計畫性地存錢，等到存足了再去購買，日後他們在面臨做財務決策時，他們將更能靜下心來想清楚自己真正想要的是什麼，減少自己衝動消費、讓自己落入財務窘迫局面的機會。

要點 3》讓孩子從錯誤中學習

也許孩子花了大把錢買來的東西，發現根本不是廣告說的那麼好，或是品質有問題。這時你可以不必急著下指導棋，或是去指責他們，你可以換個方式問他們：「如果重來一次，你會怎麼做？」讓他們自己找出錯誤造成的原因，你再從旁告訴他們怎麼做可能會比較好一點，可以避免類似的錯誤再發生。

父母在這個時候必須耐住性子，不要一直去譴責孩子。如果你嚴厲指責他們，他們記住的只是你的大發雷霆，而不是他們犯錯的原因。這時與其說教，不如先與他們討論，讓他們清楚自己發生的緣由。

既然你把他們帳戶內的錢定義為他們可以使用的錢，你就可以容許他們犯錯，讓他們從犯錯中學習到以後應該避免的狀

況，也讓他們學習為自己負責。畢竟如果花了不少錢去買了不合適的東西，下次還要花一陣子，才能在帳戶內累積出一筆錢出來買新的東西，他們也是要為犯錯負責的。

要點 **4**》培養子女基本的財務智商

現在很多新型態、前所未見的金融服務，像是網路購物等，孩子也面臨更多誘惑。很難說，類似以前的現金卡風暴，電視上整天播放著「借錢是高尚的行為」，這種金融怪異亂象不會再捲土重來。而你能給子女最佳的保護，讓他們免於財務困窘的困境，最好的方式不是隔離一切、不讓他們接觸這些金融商品或服務，應該要提升他們的財務智商，讓他們在面臨這些誘惑時，有能力做出正確的判斷，不至於讓自己落入無法自拔的陷阱中。

如果孩子已經習慣計畫性地儲蓄、控制預算時，他們未來將不至於把信用卡當成提款卡，甚至在欠下一堆卡債的時候，還繼續辦 1 張新的信用卡，以新債來養舊債。當他們知道，如果信用卡每期都只繳帳單上的最低應繳金額時，他們繳的只是當期一般消費的 10%，以及前期未清償之消費帳款的 5%。因

此，如果只繳最低應繳金額、每個月又再新增消費金額的話，信用卡的帳款是永遠不可能繳清的。

　　有些父母也許因為本身工作忙碌，沒有時間陪孩子，因此想要用物質來做彌補，於是讓孩子想花錢就花，過度放任的結果，讓子女養成揮霍無度的習慣，這實在是不值得鼓勵的。哲學家盧梭（Jean-Jacques Rousseau）曾經說過：「你知道用什麼方法可以使你的孩子成為不幸的人嗎？就是——對他百依百順。」疼愛子女的方式絕對不是在財務上縱容孩子，讓他們無法擁有正確的金錢價值觀，以至於未來人生可能會發生重大的財務問題。

　　孩子收到壓歲錢時，是一個很好的機會，你可以利用處理壓歲錢的時機，與他們進行一些有關如何理財的對話。讓他們藉由擁有「屬於自己的帳戶的錢」的方式，訓練他們如何儲蓄及計畫性地消費，一點一滴建立正確的金錢價值觀。這些看似無形的財務智商，在他們長大成人出社會後，都將帶給他們極大的幫助，而父母正是培養他們財務智商的最佳人選。

5-1
留意 6 面向
訂立遺囑有保障

　　某個夏日的午後，我和同事坐在客戶李小姐的對面，談及家族資產的事。她緩緩說道：「我父親希望該給兄弟姊妹的就給他們，但是他不想要辛苦一輩子經營的企業因此四分五裂，主體的母企業還是要持續經營下去。」我們望著她一向手握大權、縱橫商場，事業經營得相當成功的父親，現在卻為逐漸喪失記憶所苦，而他遍布世界各地的資產也只有他最清楚。但是時間緊迫，我們也只能先整理出李小姐父親的資產狀況，才知道如何為她做好財務規畫。

　　因為幫客戶做財務規畫，可以接觸到不同的人、不同的故事，我才發現，真的很少會去想到身後事如何安排的問題，很少人想到應該預立遺囑。以前在遺產稅率 50% 的年代，大

家拚命隱藏資產、能少繳稅就少繳，現在稅率已經降低為最高20%，相對於節稅的議題，你應該思考的是：「你的財產如何可以依照你的意願，給你想要的人、完成你想要做的事情。」這比節稅重要多了。

為何要預立遺囑？可以分幾個面向來討論：

面向 1》依照自身意願來分配財產

我國《民法》的繼承順位是固定的，繼承比率也是一樣，被繼承人身故後看留下的繼承人是誰，依照順位及比率繼承。然而法規是死的，人是活的，如果你都沒有做任何規畫，身後留下的遺產只能按照法定比率去分配，如果你想給誰多一點，或是留給不在法定繼承順位上的人，那你就必須透過立遺囑來實現你的願望。

面向 2》想照顧不在法定繼承順位上的人

依照《民法》第1138條規定（法定繼承人及其順序）：遺產繼承人，除配偶是當然的繼承人外，其他繼承人依序為：

1.直系血親卑親屬（包括子女、孫子女等）；2.父母；3.兄弟姊妹；4.祖父母。如果你未立遺囑，那麼當你身故之後，不在法定繼承順位中的人，即使你想把遺產留給他們，也沒辦法做到。

例如大兒子因病過世，但大兒子的老婆對公公不離不棄，一直照顧他，公公也想把名下的房子留給媳婦，讓她有個棲身之所。但因為媳婦膝下無子，加上她也不在公公的法定繼承順位上，因此公公過世後，老二、老三就逼著她搬走了。

如果你想避免這種情況發生，想在身後照顧不在法定繼承順位上的人，這種遺贈必須用遺囑指定，看要把哪些財產留給他們。你甚至可以買 1 張保單，以他們為受益人，但是因為他們不是在你繼承順位的法定繼承人，他們會無法拿到死亡證明、除戶謄本來辦理保險理賠，這也是需要在遺囑內註明，才能讓他們順利取得你要留給他們的保險金。

面向 **3**》 注意遺囑訂立的細節與有效性

遺囑分成「自書遺囑」、「公證遺囑」、「密封遺囑」、「代

筆遺囑」和「口授遺囑」等 5 種，一般比較常用的是自書遺囑和代筆遺囑，以下就這 2 種遺囑加以說明：

①自書遺囑

自書遺囑是你自己就可完成的，但是有幾點要注意：

❶遺囑不能使用打字方式、電腦列印等，你必須自己手寫。

❷寫錯字就重寫，不要塗改。

❸不動產要寫建號、地號。

❹沒有押日期的遺囑等於無效。

為了避免日後發生遺囑真偽之爭議、自書遺囑最好由公證事務所，或者至法院公證處辦理公證。遺囑在法院辦理公證要注意：遺囑需要作成 1 式 3 份～ 6 份，可以複寫但不可打字或影印；遺囑內容不得侵害各繼承人之特留分（指依據《民法》第 1223 條規定，遺產中必須特別保留給法定繼承人的部分）。辦理公證的相關詳情，可以至各地方法院網頁查詢。

②代筆遺囑

如果你的遺囑對於遺產的分配，是會違反特留分的要怎麼訂

立遺囑？這時必須由律師協助訂定代筆遺囑。代筆遺囑須由遺囑人指定 3 人以上之見證人，且見證人全體及遺囑人必須同行簽名。

見證人資格是有限制的，《民法》第 1198 條規定，未成年人、受監護或輔助宣告之人、繼承人及其配偶或其直系血親、受遺贈人及其配偶或其直系血親、為公證人或代行公證職務人之同居人、助理人或受僱人，都不能擔任遺囑的見證人。與遺囑人沒有特定親屬關係或財產關係，才能擔任見證人。

至於侵犯繼承人的特留分部分要如何處理？例如父親只有一間房子，他想把房子留給兒子，不給女兒。房子價值 2,000 萬元，女兒的特留分是 500 萬元，這時如何對女兒補償以免造成紛爭？可以運用買保單的方式，把保險給付給女兒，以抵扣特留分部分的金額。

面向 **4**》指定遺囑執行人協助處理遺產

當辦理繼承時，有些人對分配遺產有意見、不願意配合報稅等，或是對繼承財產的比率有意見；分配較少的繼承人不願意

提供印鑑證明等文件配合辦理報稅，質疑遺囑的有效性等，會讓繼承橫生枝節。

為了避免這種事情發生，你可以在遺囑中指定一個遺囑執行人，來代為處理繳納遺產稅、財產分配，及後續處理等。《民法》第 1215 條規定：「遺囑執行人有管理遺產，並為執行上必要行為之職務。」也就是繼承人於遺囑執行人執行職務中，不得處分與遺囑有關之遺產，並不得妨礙遺囑執行人執行職務。

甚至如果你並不想把財產在身後就一次分光，你可以在遺囑中指定繳完遺產稅後，以遺囑信託的方式，由遺囑執行人代你來成立信託。

面向 5》事先規畫財產分配方式

你可能留下各種類型的遺產，像是現金、房子、土地、投資、股票、公司股權等，如果沒有遺囑指定，只是按照《民法》繼承順位這樣平均分配，可能也不是你想看到的結果。例如你有 3 個小孩，你留下一間房子，如果沒有特別指定，會變成 3

個人共同繼承，這房子變成共同擁有的情形。屆時如果有人想賣、有人說要留著，房子的處理會變得很棘手。

又比如你擁有幾家公司，大兒子已經在協助經營，而且也做得不錯；女兒在公司負責財務，女婿雖然沒有在公司任職，卻一向對分多少財產相當在意、斤斤計較;最小的兒子喜歡藝術，對家裡的事業從來都沒有興趣。因此你身後企業由誰來經營誰來掌控股權，如何分配以免你苦心經營的企業體被瓜分，變得有能力、有心經營的人卻沒握有最多股份，經營上可能發生問題，你都可以事先安排，或是在遺囑中確立分配方式。

面向 **6**》成立遺囑信託，財產可以傳承多代

如果你不想在身後讓子女一次性繼承所有財產，擔心他們沒有管理的能力，或是你想延續照顧後代子孫，不只是第一代子女，你可以在遺囑中指定遺囑執行人，代替你在身後成立「他益信託」（指用來照顧子女或其他人的信託），來照顧後代，或是成立公益信託做公益等。

遺囑信託是由立遺囑人訂立遺囑時，在遺囑中指明將全部或

部分的財產成立信託，委由受託人在委託人百年後，依遺囑內容執行信託相關事宜，以完成遺產分配並照顧受益人。這時如果有指定遺囑執行人，他便可以來代替立遺囑人做這樣的安排，在繳完遺產稅、分配財產後成立信託，並把財產放入信託內，由受託人管理處分信託財產，按時定期給付信託利益給受益人，如此可以防止子孫揮霍無度，確保子女生活無虞，甚至可更周延地去照顧到後代的子孫。

5-2
辦理「意定監護」
杜絕因失智產生的財損

　　年紀大了記憶衰退，有些人或有些事一時想不起來，有時也滿無奈的。網路上流傳一個故事，美國德州一位 90 多歲的老奶奶從沃爾瑪（Walmart）購物中心出來，她看見 4 個小伙子坐在她的車裡，她毫不猶豫的拔出槍來，吼道：「我知道怎麼開槍！」4 個小伙子立馬跑走了。坐在車裡後，老奶奶手抖得厲害，鑰匙怎麼也插不進去，車裡東西也不對，出來一看，自己的車停在不遠處，老奶奶開上車直接去了警局。接案的警察笑個不停，指了指邊上 4 個跑來報案說自己車子被劫的年輕人。最後發現是一場誤會，老奶奶沒有被起訴。

　　「Senior moment」是近年流行的一個詞，字面的意思是「高齡的一刻」，真正的意思是短暫的失憶。失智症是一個我們必

須面對的事實,失智症患者除了記憶力受損,定向感、判斷力也會受到影響,他們會做出什麼行為,也許是超乎我們想像的。曾聽過 1 位親戚說,某次他們去大飯店的廚房接回媽媽,老人家不知為何自己跑去那裡了。

失智症患者因為判斷力變差了,因此常成為詐騙的目標,尤其是手頭上擁有財富的人。《報導者》的〈最難舉證的受害人——圍繞失智者的犯罪風暴〉這篇文章(詳見文末 tips 網址或 QR Code),即報導吳先生被詐騙上億元財產,他太太花了 15 年四處奔走打官司的案子。報導中說,與失智有關的判決,地方法院民事案件自 2006 年的 115 件,成長至 2016 年的 1,990 件,件數增量高達 16.3 倍。

如果等到被詐騙或發生什麼事情,再來亡羊補牢就太慢了,在法律上你可以採取一些行動來防範,例如去法院申請「監護宣告」,保護失智症的患者。為了保障那些因為精神障礙或心智缺陷,導致無法像一般人一樣做出理智決定的人,透過法院指定 1 個監護人,代替精神障礙者做所有法律上的決定。

《民法》第 14 條規定:「對於因精神障礙或其他心智缺陷,

致不能為意思表示或受意思表示，或不能辨識其意思表示之效果者，法院得因本人、配偶、4 親等內之親屬、最近 1 年有同居事實之其他親屬、檢察官、主管機關、社會福利機構、輔助人、意定監護受任人或其他利害關係人之聲請，為監護之宣告。」

為什麼要申請監護宣告？《民法》有相關的條文：1. 第 15 條規定：「受監護宣告之人，無行為能力。」2. 第 75 條規定：「無行為能力人之意思表示，無效。」

意思是說像上述的例子，吳太太去申請監護宣告通過後，她先生就變成無行為能力的人，所有可能牽涉法律效果的決定，例如簽訂投資、買賣契約等，都必須由吳太太來代勞，吳先生不能單獨為之。

一旦申請了監護、輔助宣告，公告資料（是否有受監護輔助宣告在法院的「家事事件公告專區」可查詢得到，詳見文末 tips 網址或 QR Code），同時資料也將傳送予「財團法人金融聯合徵信中心」（簡稱聯徵中心）。你也可以去聯徵中心申請當事人註記，保護當事人，防範被歹徒冒名到銀行貸款或申

請信用卡，或受不了親友人情壓力，而出面申請貸款、信用卡或擔任保證人，因而可利用此「註記」資訊，讓金融機構注意或退件。至於如何向聯徵中心申請「當事人註記」，可參考聯徵中心網站上的說明（詳見文末 tips 網址或 QR Code）。

法院若裁定監護宣告，受宣告之人在法律上就是「無行為能力人」，喪失自主決定權，不能做任何有效的法律行為。一切的意思表示，都必須由法定代理人（即監護人）為之，減少被詐騙集團誘騙提款，或是像上述吳先生被騙去投資，事後要告、舉證也困難的狀況，他可能在提款時會被銀行行員擋住。

「監護宣告」曠日費時，規定較為嚴格

但是以往的監護宣告制度，往往耗費滿長的時間，在這過程中法院要進行精神鑑定、確認監護人是否有足夠資格等，時間通常要數個月之久。需要當事人被診斷出發病後，才能由他的親屬或社工單位等人向法院聲請監護宣告。另外，聲請監護宣告的時候，當事人通常已經是意識不清的狀態，他也無法表達誰是適合自己的監護人。如果他名下有財產，可能就會出現家屬爭取監護權，實際是為爭奪財產，而且監護人也是由法官指

派的人選，可能也不會是當事人所希望的。

　　為了解決這種成年人監護制度是在本人喪失意思能力才能啟動，無法充分符合受監護人意願之問題，立法院在 2019 年 5 月 24 日三讀通過《民法部分條文修正草案》（「意定監護」部分）。意定監護制度，是在本人之意思能力尚健全時，當事人與受任人約定，於當事人受監護宣告時，受任人答應擔任監護人，使本人於意思能力喪失後，可依其先前之意思自行決定未來的監護人。而不是法官依職權選定監護人，較符合人性尊嚴及本人利益，並完善《民法》監護制度原來的規定。

　　原來的「法定成年監護」只有在當事人喪失意思表達能力時，如重度失智、失能、癱瘓等情況下，經聲請人聲請，才能由法院依職權宣告監護；法院依職權選擇配偶、4 親等內親屬、1 年內曾同居者等適當者為監護人。

　　意定監護是讓當事人先以書面方式指定，自己未來如果陷入精神障礙或心智缺陷，要由誰來擔任他的監護人。有一天如果他真的因為失智、失能，生活無法自理時，這個他指定的人就可以直接向法院聲請監護宣告，而法院的審查也會尊重當事人

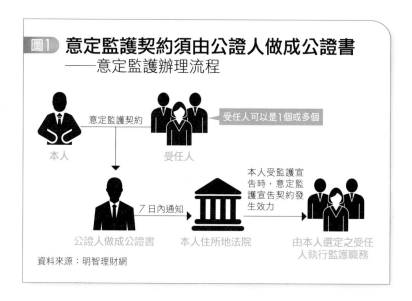

圖1 意定監護契約須由公證人做成公證書
──意定監護辦理流程

意定監護契約　本人　受任人　受任人可以是1個或多個

7日內通知　公證人做成公證書　本人住所地法院　本人受監護宣告時，意定監護宣告契約發生效力　由本人選定之受任人執行監護職務

資料來源：明智理財網

的意思，直接選任他指定的人（１人或多人）作為監護人。這樣可以減少審查時間，另一方面也可以比較尊重當事人本身的意願，減少家族內部為了爭奪監護人地位的糾紛。

至於，意定監護要如何辦理（詳見圖１）？

１. 當事人取得受任人同意：當事人受監護宣告時，受任人（可以是１人或數人）承諾擔任監護人，並與其簽訂意定監

護契約，以替代法院依職權選定監護人，法人亦得為意定監護之受任人。

2.意定監護契約由公證人做成公證書始為成立，公證人做成公證書後 7 日內，以書面通知本人住所地之法院。前項公證，應有當事人及受任人在場，向公證人表明其合意，始得為之。

3.意定監護契約於本人受監護宣告時，發生效力。

4.受任人開始執行監護職務。

「意定監護」與「監護宣告」主要有 4 項差異

意定監護與以往的監護宣告到底有何不同？主要有以下幾項差異：

差異 1》監護人之產生

以往是要本人喪失意思能力而受監護宣告時，由法院依職權選定監護人。意定監護是本人意思能力尚健全時，就先與受任

人約定，在其受監護宣告時，由受任人擔任其監護人。因此監護人可以自己先決定好，不必經由法官指定。

差異 2》監護人之人選

以往監護人限於一定範圍內之人選，例如配偶、4 親等內之親屬、最近 1 年有同居事實之其他親屬、主管機關、社會福利機構或其他適當之人選，而意定監護由自己選定，不限上述的人選。

差異 3》監護人執行職務之範圍

以往是由法院依職權指定，意定監護是依意定監護契約所定。例如你可選擇多位監護人，分別負責生活、護養療治及財產管理等事項，可能醫療生活是 A 監護人負責，B 監護人則負責財產管理等。

差異 4》監護人處分財產之限制

《民法》第 1101 條有明定：「監護人不得以受監護人之財產為投資，但購買公債、國庫券、中央銀行儲蓄券、金融債券、可轉讓定期存單、金融機構承兌匯票或保證商業本票，不在此限。」

意定監護契約可約定受任人執行監護職務，不受《民法》規定之限制。如果本人於意定監護契約已特別約定監護人可以代理受監護人購置、處分不動產或得以受監護人財產為投資者，此時應優先落實當事人意思自主原則，可以投資的項目將不再只限於上述的公債等項目。

我們有一天可能會需要家人或朋友等，幫我們申請監護宣告，因為在失智、失能、癱瘓等情況下時，我們需要一個法定代理人，來幫我們行使法律、財務等相關的事務，以避免我們被詐騙、財產被侵占等。意定監護是更方便，讓我們可以在健康意識清楚時，先找好監護人，以減少屆時法院還要做監護人資格審核，時間拖延許久，到時審定的監護人人選，可能也不是你屬意的，這是法律上一大進步。

只是這些都是事後的防範措施，因應失能、失智等風險，你其實可以先成立一個金錢型自益信託，把你名下的財產放入信託內。例如自己當委託人，以銀行信託部當受託人，到時定存、投資資產、保險給付等，都進入信託內變成信託財產，就不用怕說會受到詐騙、被侵占等，因為信託財產只能依信託指示做管理運用。關於信託的介紹，可詳見 5-3。

☀tips 相關網站資訊

網站	網址	QR Code
最難舉證的受害人──圍繞失智者的犯罪風暴	www.twreporter.org/a/ dementia-fraud-law-humanrights	
法院的家事事件公告專區	domestic.judicial.gov.tw/abbs/ wkw/WHD9HN01.jsp	
財團法人金融聯合徵信中心網站，常見問答中的「當事人註記」	www.jcic.org.tw/main_ch/ docDetail.aspx?uid=135&pid =134&docid=53	

5-3
分析老後 4 狀況
「信託」並非有錢人才需要

「信託」離你很遙遠、聽起來就覺得很複雜的樣子,會認為「不想了解,自己應該也用不到?」「這好像是高資產族才需要做的規畫,我這種中產家庭不需要吧?」事實上是每個人都需要信託。如果你知道 85 歲以上的女性有半數的人,將面臨失智的問題,這時即使有再多財產都沒有用,因為已經沒有管理自己財產的能力。

頂客族(指雙薪、無子女的夫妻)沒有小孩,想說身後把財產都用來照顧配偶,你覺得想當然耳,身後財產應該全部給配偶繼承,所以也沒有做任何安排。但是你卻不知道,以後另一半可能要跟你的兄弟姊妹分財產,他們(指兄弟姊妹)可以合法的來分你一半的遺產?

你辛苦了一輩子累積了不少財富，身後想要留給子女繼承，但是也許子女拿到那一大筆財富，讓他們不需要工作、日子就可以過得很好，結果因為不善於理財，也許一大筆錢很快就花光了。或者是你陸續贈與了不少財產，像是不動產、股票、現金、保單等給小孩，結果小孩婚後遇人不淑，很快就離婚了，而你的子女可能因為離婚的關係，財產可能會損失大半。

信託離你一點都不遙遠，因為在很多方面你都需要它。上述的這些狀況其實都可以避免，透過信託、遺囑的規畫，你將可以因為有了妥善的安排，可以照顧到自己及家人。

我們分別就下列這幾種狀況做說明：

狀況 1》身為頂客族，身後財產並非全給配偶

頂客族婚後沒小孩，萬一身故，你可能認為財產會留給另一半，但是就法律層面來說，財產繼承不會是這樣子。如同 5-1 提到的，《民法》規定法定繼承人的順序除配偶外，依序為直系血親卑親屬（包含子女、孫子女等）、父母、兄弟姊妹、祖父母。

　　如果婚後沒子女，你留下的財產是由配偶和其他順位的繼承人分配，比較有可能的狀況是父母也不在了，但是被繼承人有兄弟姊妹，這時候的遺產怎麼分配？這時候配偶只能分到1/2、兄弟姊妹加起來1/2（詳見表1）。

　　什麼？我的財產還要分給兄弟姊妹，不能全部留給我的配偶？是的，如果你沒有事先做規畫，那結果就會是這樣！最少你應該要給「特留分」的財產。特留分是繼承人得繼承遺產之法定最低比率，兄弟姊妹之特留分為其應繼分的1/3（註1）。

　　要怎麼做才可以留更多財產給配偶？可以透過事先的規畫安排，如訂立遺囑，指名遺產分配方式，或者配偶運用夫妻剩餘財產請求權先請求財產的一半。保險方面，你可以指定受益人為配偶，在一定額度內是可以免遺產稅的，要保人與被保險人同一人的壽險、年金險等保險給付，在最低稅負制下，3,330萬元額度內免稅。不過最好的方法還是成立一個自益兼他益的

註1：《民法》第1223條規定：「繼承人之特留分，依下列各款之規定：1. 直系血親卑親屬之特留分，為其應繼分1/2；2. 父母之特留分，為其應繼分1/2；3. 配偶之特留分，為其應繼分1/2；4. 兄弟姊妹之特留分，為其應繼分1/3；5. 祖父母之特留分，為其應繼分1/3。」

表1 若無子女，身後財產可能會分給兄弟姊妹
——財產繼承順位與分配方式

繼承順位	1		2		3		4	
	配偶	直系血親卑親屬	配偶	父母	配偶	兄弟姊妹	配偶	祖父母
遺產分配方式	配偶與直系血親卑親屬均分（看人數）		1/2	1/2	1/2	1/2	3/2	1/3

註：直系血親卑親屬指子女、孫子女等　　資料來源：《民法》

信託，讓信託來照顧自己及配偶，最後剩餘的信託財產可以拿來捐作公益等。

狀況 2》若子女離婚，財產可能大幅縮水

依照我國《民法》規定，離婚夫或妻的一方可向他方主張「夫妻剩餘財產分配請求權」，也就是說離婚的時候，看彼此在個人名下的婚後財產有多少，少的一方可以向對方要求分得對方財產差額的一半。

一般人若沒有特別向法院聲請登記採用「約定財產制」（含

共同財產制和分別財產制），就一律適用「法定財產制」，也就是夫妻財產各自保有所有權、管理與使用權，債務也各自負擔。與「分別財產制」的差別在於，法定財產制當夫妻離婚或配偶死亡後，財產淨值較少的一方，可獲得夫妻剩餘財產差額的一半。

現在因為國稅局的資訊系統太強，只要調一下財產總歸戶的資料，在個人名下有多少財產都一清二楚。而剩餘財產請求權，比的就是夫妻 2 人誰的婚後財產多，少的那一方，就可以向多的那一方，請求差額的一半財產。因此，父母如果要避免子女因為離婚而損失大半財產，方法就是盡量減少子女名下的財產額度。

雖然贈與繼承的財產不會列入請求權可請求的範圍，但還是有需要注意的地方，例如父母贈與的股票，婚後配發的股利、股息算婚後財產。

婚前父母贈與錢給子女，以子女為要保人、被保險人所買的保單，婚後由他們自己繼續繳費，這樣的保單所累積的保價金，有可能被列為婚後財產，是夫妻剩餘財產分配請求權可被

請求的範圍。

父母可能會贈與的包括現金、股票、不動產、保單等,如何讓它不會出現在子女財產總歸戶的資料中?如果你想保護、照顧子女,不希望他們因為婚姻的變故,讓他們的財產被挪用,或是因為離婚而讓財產可能損失大半,那麼把你贈與的財產變成是信託的資產,是比較穩當的方式。

狀況 3》老後罹患失智症,無法照顧自己

台灣失智症協會的網站指出,依衛生福利部調查結果,以及內政部 2018 年 12 月底人口統計資料估算:65 歲以上的老人,約每 12 人即有 1 位失智症患者,而 80 歲以上的老人則每 5 人即有 1 位失智症患者。如果不幸罹患失智症,即使你有再多財產都無法自己管理了。

如果要你把財產託付給親朋好友,可能也無法放心,這時建議可以成立一個安養信託,把一筆錢放在裡面,並指定用這筆錢來照顧自己後半生。你可以在信託裡面設定這些項目及條文,如下:

①定期給付（如生活費、教育金等）

給付週期包含每年、每半年、每月，如果信託內的錢足夠你退休，你也可以用來照顧子女，信託內你可以把錢定期或不定期的給你的受益人。

如果有多個受益人，你可以訂定不同的受益比率，或是特定日期給付，例如子女已成年：約定於某年某月某日給付多少錢，依受益比率給各受益人。

②其他給付

❶**特殊給付醫療救助金**：信託期間受益人因疾病或意外等事故，得出具醫療機構之證明文件請領。

❷**教育補助金**：受益人憑當學期國內學校之註冊繳費通知或收據申請自信託專戶支付。

❸**養護機構或看護費用**：受益人入住養護機構或需要看護時，所需費用得指示受託人逕自信託財產支付之。

信託內的錢也可以用來投資，例如保守的委託人可以把錢擺

圖1 可自行設定信託投資管理方式
——信託草約內容

參、信託財產管理運用指示

投資管理	開始適用時機：□首筆信託資金撥入專戶後　□ 保險金入信託專戶後 信託財產運用範圍及比例約定如下： □銀行定期存款，上限＿＿＿%（擬細設定）□國內債券型或貨幣型基金，上限＿＿＿% □國內基金 (不含債券型及貨幣型基金)，上限＿＿%　□國外債券型或貨幣型基金，上限＿＿＿% □國外基金 (不含外債券型及貨幣型基金)，上限＿＿%　□本行集合管理運用帳戶 (以國內基金組合為限)，上限＿＿% ※本行不擔保信託財產之管理運用績效，信託財產經運用於存款以外之標的者，不受存款保險之保障，受益人須自負盈虧。

肆、信託給付約定（執行信託財產照護功能,提供各種需求之資金!）

給付開始 日期或條件	□ 約定開始給付日期：民國＿＿＿年＿＿＿月起。或～ □ 約定開始給付條件：委託人身故且保險金入信託專戶 (若資金轉入保險帳需求契信託放益時建議選項)
定期給付 (如生活費、教育金⋯等等)	給付週期：□每年＿＿月15日　□每半年(1、7月之15日) 　　　　　□每季(1、4、7、10月之15日) □每月＿＿＿日 給付金額：每次依受益比例給付期間受益人共 NT$＿＿＿＿＿＿，金額自給付次年度起每 　　　　　年增加＿＿%。 特定日期給付：約定於民國＿＿＿年＿＿＿月15日給付 NT$＿＿＿＿＿＿，各受 　　　　　　　　益人依受益比例受益。
特殊給付	□醫療救助金：信託期間受益人因疾病或意外等事故，得出具醫療機構之證明文件請領。 □教育補助金：受益人憑當學期國內學校之註冊繳費通知或收據申請自信託專戶支付。 □養護機構或看護費用：受益人住入養護機構或需要看護時，所需費用得指示受 　託人逕自信託財產支付之。 □其他：委託人身故且保險金入信託專戶後得優先支付委託人依法應繳付之遺產稅 　　　　＿＿＿金或費用，NT$＿＿＿＿＿＿，□以一次為限，□多次時給付總額不得超過 　NT$＿＿＿＿＿＿。(給付條件：＿＿＿＿＿＿＿＿ 　相關證明文件：＿＿＿＿＿＿＿＿＿) (可另依需求與受託人協議增加給付項目!)

資料來源：銀行信託部

放定存，穩健的投資人則可投資適合長期持有的基金或股票。如圖1的「信託財產管理運用指示」，你可以設定投資管理的方式，例如定存比率多少，以及有多少比率可運用於國內外基金等。

狀況 **4**》身後將留一大筆財產給子女

常常在報導上看到子女爭產、鬧上法院等消息，你奮鬥一生累積了不少資產，這些資產需要全部留給子女嗎？用什麼方式留給他們？你不事先做任何規畫，身後財產只能按照繼承順位給你的法定繼承人，但是你可能有你自己想給的方式、不想平均分給他們，那你就必須事先做規畫。

或是你也可以思考一下，如果留給子女一大筆錢，他們是否有管理投資的能力？會對他們的人生造成哪些影響？例如兒子繼承你留下的一間店面，每月收租 20 萬元，你覺得他還會有動力去工作嗎？或是子女戶頭突然多了 2,000 萬元，他們會有自制力，知道如何投資，好好發揮這筆錢的用途？

如果你想按照你的意願分配財產，可以用訂定遺囑的方式，來指定分配比率、對象等。你也可以規畫身後把財產在繳完遺產稅後，成立一個信託，把財產放在信託內。在信託合約內再載明，信託財產如何運用，例如每月給子女多少生活費，創業、結婚、出國留學等，可以多獲得一筆或分期給付的錢，甚至可以用來照顧孫子女等。

　　因為信託的成立，受託人可以按照你的意願，你可以決定如何分配財產，並留給子女，不會讓你的財產只能按照民法繼承順位及比率做分配。留下太多、超過生活所需的財產給子女，他們平白無故得到一大筆錢，也許不見得是好事，它也許是蘋果，也許是摧毀子女人生的毒藥，故而財產的傳承最好還是事先有完整的規畫。

5-4
了解保險身分 4 樣態
適時調整保單規畫

　　國人保險投保率很高，保單的主要功能是作為風險轉嫁之用，但也因為它是金融工具之一，因此除了保障之外，有人會用保單來做其他功能，像是資產移轉、贈與、投資等，只是這樣的保單都需要好好規畫，如果規畫不當可能會產生後遺症。單純就「要保人」、「被保險人」和「受益人」這 3 個角色，其實就有很多學問，下方僅就其中的 4 大樣態進行討論。

　　你可能認為買保單不就是填資料、繳費而已嗎？有什麼困難的？要知道保單如果規畫錯誤，以後要更改回來，又沒有好好規畫，可能就要付出代價。

　　國稅局就曾公告一案例，甲君於 2006 年間投保 3 份保單，

嗣於 2013 年間將該 3 份保單變更要保人為其子女，變更日之保單價值準備金各為 200 萬元。經國稅局查獲，核定甲君 2013 年度贈與總額 600 萬元，應納稅額 38 萬元。除要求甲君補稅外，並依《遺產及贈與稅法》第 44 條規定，按所漏稅額處 1 倍之罰鍰 76 萬元。

甲君「把要保人從他自己變更為子女」這樣一個簡單的動作，卻被國稅局認定為當年度的贈與，因為不懂稅法，就讓他平白付出 114 萬元的代價，而這個其實是可以避免的。

有些人利用保單來做資產移轉、贈與，常見要保人、被保險人和受益人這 3 個角色的 4 大樣態如圖 1 所示。這些保單的規畫方式在以前可能沒問題，但是現在隨著環境變化、課稅方式改變等，就變成無法達到原先規畫的目的了。分述如下：

樣態 1》要保人和被保險人是子女，受益人是父母

情景描述：父母想要贈與財產給子女，因此每年贈與錢給兒子讓他買保單，想說錢就直接給子女了，於是買了 1 張繳費 6 年期增額還本終身壽險保單。保單規畫如下：要保人和被保

險人都是兒子，受益人是父親，年繳保費 440 萬元。

這時因為父母雙方，運用每年贈與免稅額 220 萬元的規定匯款至兒子的戶頭，再由他來支付保費，這樣善用節稅的方式是沒問題的。只是父母這種贈與就完全沒有控制權了，6 年後繳完這張保單累積了 2,000 多萬元的現金價值，因為兒子是要保人，因此他隨時可以把保單解約，拿回這些錢，優點是節省了以後的遺產稅。

樣態 2》要保人和受益人是父母，被保險人是子女

情景描述：孫先生、孫太太各為 61 歲、58 歲，育有一子一女，孫太太買了 1 張終身壽險。為了保有控制權，要保人跟受益人都是孫太太。保單規畫如下：要保人是母親、被保險人是兒子、受益人是母親，年繳保費 320 萬元。

要注意的是，這樣雖然會有控制權，但是不能節稅。最大的問題是，孫太太死亡時，保價金會列入遺產總額，很容易引發繼承糾紛。繳完遺產稅後，這筆保價金到底要算誰的？受益人又只有孫太太，如果沒有相關的遺囑做分配，這筆保價金要給

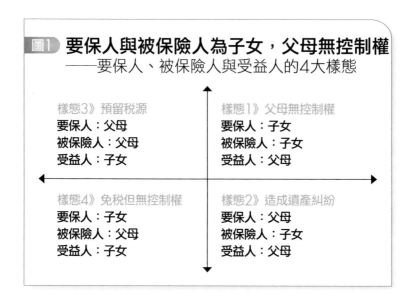

圖1 **要保人與被保險人為子女，父母無控制權**
——要保人、被保險人與受益人的4大樣態

樣態3》預留稅源
要保人：父母
被保險人：父母
受益人：子女

樣態1》父母無控制權
要保人：子女
被保險人：子女
受益人：父母

樣態4》免稅但無控制權
要保人：子女
被保險人：父母
受益人：子女

樣態2》造成遺產糾紛
要保人：父母
被保險人：子女
受益人：父母

誰？這時就容易引起糾紛。

再來是，被保險人是兒子，這時保單要不要繼續下去？如果要變更要保人，協議繼承同意書還需要孫先生以及女兒的簽名，如果分配不公，女兒可能不願意簽名。

如果你的保單是這種狀況，要注意盡早變更，將要保人、被保險人、受益人做好安排，例如可以把被保險人更改為孫太

太，受益人改為女兒或兒子（詳見表 1）。當然要注意到避免本文一開始提到的變更要保人，會被國稅局追稅的情況。至於如何做規畫，更換要保人不會被追稅，就有些細節要處理了。

樣態 3》要保人和被保險人是父母，受益人是子女

情景描述：李先生 50 歲，名下有不少不動產，育有一子一女，他擔心身後需要繳很多遺產稅，為了避免子女以後沒足夠現金繳遺產稅，因此他買了 1 張終身壽險保單作為預留稅源之用。保單規畫如下：要保人是父親、被保險人是父親、受益人是兒子、女兒。

這樣的規畫是最沒有問題的，2006 年 1 月 1 日後所購買的保單要適用最低稅負制，保單死亡給付金額超過 3,330 萬元是不能免稅的（註 1）。這 3,330 萬元指的是給一個受益人的金額，前提是他必須已經有獨立申報所得稅了。

遺產稅繳納期限是在被繼承人死亡日起 6 個月內應辦理遺產稅申報，收到核定通知書及繳款書後，在繳納期限 2 個月內繳納，可申請延期 2 個月。現在雖然放寬遺產稅達 30 萬

表1 保單可變更被保險人、受益人
──保單更正狀況

項目	要保人	被保險人	受益人	年繳保費 （萬元）	年期 （年）
原保單	母	子	母	320	6
新保單	母	母	子（女）	320	6

資料來源：明智理財網

元以上，確實有繳納困難者，可分 18 期以內加計利息繳納，繳納期間最高 3 年。

不過如果沒有現金，繼承人可能要變賣繼承的財產來繳稅，所以如果被繼承人生前就安排了這樣的保單，以他自己為要保人和被保險人，子女為受益人，身故時保單可以馬上給付，至

註1：《所得基本稅額條例》第12條規定：「個人之基本所得額，為依所得稅法規定計算之綜合所得淨額，加計下列各款金額後之合計數：①未計入綜合所得總額之非中華民國來源所得、依《香港澳門關係條例》第28條第1項規定免納所得稅之所得。但一申報戶全年之本款所得合計數未達新台幣100萬元者，免予計入。②本條例施行後所訂立受益人與要保人非屬同一人之人壽保險及年金保險，受益人受領之保險給付。但死亡給付每一申報戶全年合計數在新台幣3,000萬元以下部分，免予計入。（現已調整為3,330萬元）。③私募證券投資信託基金之受益憑證之交易所得。④依所得稅法或其他法律規定於申報綜合所得稅時減除之非現金捐贈金額。」

少可以預留一筆錢讓子女繳納遺產稅。

樣態 4》要保人和受益人是子女，被保險人是父母

情景描述：陳太太想留一筆錢給兒子，因此規畫一份保單，在她身後就可以把保險金完全給付給兒子。她每年匯錢到兒子帳戶由他來繳保費，由於受益人與要保人屬同一人，因此也不適用所得基本稅額條例，這種是完全贈與，父母沒有控制權的保單。保單規畫如下：要保人是兒子、被保險人是母親、受益人是兒子。

用保單進行贈與和資產轉移，須留意 2 種情況

保險因為有長期穩定的特色，因此有不少人會利用它來做贈與、資產移轉的工具，不過要注意一下的是，現在稅法一直在改變，要注意像前述提到「要保人變更被國稅局追稅」的狀況。除此之外，有以下幾種狀況也可留意一下：

情況 1》子女的保單可能會被債權人申請假扣押

假設某甲利用父母每年每人各贈與 220 萬元給子女，因此

為他們安排了1年繳費440萬元的保單，以兒子為要保人及受益人。假設這保單已經繳費6年，累積了2,000多萬元的保單價值準備金了。如果兒子在外負債或創業失敗欠債不少，債權人發現這張保單價值準備金不少，而且兒子是要保人。這時如果是保單被假扣押，法院可能會依債權人聲請強制解約保單，直接執行該筆解約金。

依《強制執行法》第115條規定，債權人可以向執行法院聲請扣押命令，禁止債務人收取他人金錢債權或其他處分，且法院若同意，亦可將該項債權轉支付給債權人（註2）。因此，債權人可向法院聲請扣押相關的財產權，保險也是其中一項。當債權人提出相關文件，便能依法請法院發函給保險公司執行，要求扣押的相關保單。

以下是某大壽險公司網站上保險契約權利遭法院扣押之説明：「為什麼我的保險會被法院扣押？依據法律的規定，債務

註2：《強制執行法》第115條規定：「就債務人對於第三人之金錢債權為執行時，執行法院應發扣押命令禁止債務人收取或為其他處分，並禁止第三人向債務人清償。前項情形，執行法院得詢問債權人意見，以命令許債權人收取，或將該債權移轉於債權人。如認為適當時，得命第三人向執行法院支付轉給債權人。」

人如不清償債務時，債權人得就債務人『全部的財產』進行扣押等強制執行行為。而一般商業保險（即向保險公司投保的保險）所生具有金錢性質的各項權利亦屬債務人的財產，法律並未規定不得強制執行，故債權人不需要先向保險公司查詢即可向法院聲請扣押債務人的保險契約權利。」

此外，桃園地方法院網站針對有關「可否執行債務人的保險金？」的問題，回答如下：「債務人的保險金，如有道德風險之虞者，例如人壽保險、傷殘保險，不宜發扣押命令；年金保險、儲蓄保險及其他滿期定期（額）給付之保險，於給付條件成就後之給付，可以強制執行。解約金、保單價值準備金亦可為執行標的。」

情況 2》用金錢型信託保有控制權又能安全移轉財產

一般人用保單贈與財產給子女的方式，可能都是以子女為要保人及受益人，這樣子女會擁有保單的所有權，他們可以動用保單的保價金或是保險給付。

如果只是用保單贈與，你沒有辦法避免的可能是，子女知道保單內有大筆錢，他們去把它亂花掉，或是欠下債務債權人對

保單的假扣押。

　　比較好的規畫方式是成立金錢型信託，以父母當委託人，子女為受益人。另外購買一張保單以父母為要保人和被保險人，子女為受益人，並由信託來繳付保費。到時給付的保險金進入信託專戶，信託中受益人的生活費、教育費、醫療費用均可於信託契約中妥善安排，由信託來給付。

　　保險金給付後可放入於信託專戶內，不會被一次提領，不必害怕受益人被騙或胡亂花用，待子女成年心智成熟後再歸還財產。信託經過登記，保險金變成信託財產，因為信託財產獨立且不得任意強制執行，它可以依你的意願，繼續為你照顧心愛的家人。

5-5
善用 **3** 支柱
完成親子間的資產傳承

　　美國史丹佛大學（Stanford University）曾經做過一個代表性的實驗，研究人員把小孩子單獨留在房間裡，並跟他們說，可以馬上吃掉手上的 1 塊棉花糖。但是如果願意等待，15 分鐘後，可以吃 2 塊棉花糖。後來，報紙專欄作家及暢銷書作家喬辛・迪・波沙達（Joachim de Posada）在《先別急著吃棉花糖》（Don't eat the marshmallow!）（詳見文末 tips 網址或 QR Code）這部影片中提到，他在哥倫比亞找了一些小朋友，重複上述的實驗。

　　結果 2/3 的小孩馬上把棉花糖吃了，1/3 的小孩則是用拉裙子、摸褲子等來轉移注意力，盡力撐到 15 分鐘。其中，你會看到有一個小女生，拿起棉花糖靠近鼻子聞、拚命地吸氣，

忍住不吃它。波沙達説，這些沒吃棉花糖的小孩，在經過 14
年、15 年後，再調查發現他們成績好、相對快樂、與別人關
係良好、對未來有計畫等；其他 2/3 的人則是沒考上大學、
成績不佳等。相對來說，情況都比忍住沒吃棉花糖的人差。

延遲享樂，才能思考如何創造更大的效益

「棉花糖理論」在探討「延遲享樂」跟「成功」的關係，
為什麼有些人成功、有些人失敗？成功與失敗者的差別，在於
成功者有延遲享樂、自律等特質。影片中舉一個例子：如果你
是銷售員，顧客一進來你的店，就指著一個東西説：「我要這
個。」一般店員可能會説：「好的，您的東西在這裡。」接著
馬上把東西拿給客人，完成了銷售；但是有延遲享樂特質的店
員會説：「等一下，讓我問您一些問題，看看您的選擇是否合
適。」不急著吃棉花糖的人有耐心、會多思考，不會急著拿到
眼前的利益，而是思考如何去創造更大的效益。

此外，波沙達在其和愛倫·辛格（Ellen Singer）合寫的《先
別急著吃棉花糖》書中，提到一個有趣的例子：喬納森對他的
司機阿瑟説：「如果我今天一次給你 100 萬元，和每天給你

1 塊錢累積金額的倍數，連續給 30 天，你要選哪個？」阿瑟說：「當然是選 100 萬元。」喬納森說：「太可惜了，如果選後者，你會得到超過 5 億元。」

不信你可自己算，第 1 天 1 元，第 2 天加倍是 2 元，一直算下去，我算的結果是 5 億 3,687 萬 912 元，這很驚人吧！但是多數人可能會選擇馬上拿 100 萬元，而不是等待 30 天拿到 5 億多元。

有些人怕小孩將來生活不易，因此替子女設想，贈與各種財產給子女。例如因為房價太高買不起，便將房產贈與子女，根據房仲業者的調查，發現有 51.5% 的受訪者，有意採取贈與的方式，將不動產傳承給子女，且近年將不動產預先贈與給子女有增多的現象。

你可能會贈與房子、現金、儲蓄險保單等給子女，或是在身故後留下不少財產讓子女繼承。不過你可能沒有想過，如果沒有好好規畫，直接贈與或留遺產的行為，可能會養成子女不勞而獲的習性。你再想想，這些財產會讓他們生活更幸福，還是會毀了他們的人生？

也許該思考的問題是，你遺留或贈與的財產對子女來說，究竟是蘋果還是毒藥？給予一大筆從天而降的財產，不就是像給他們 1 顆超級大的棉花糖？你覺得他們會馬上把棉花糖 1 口吃掉，還是他們可以善用這些錢財？

就像前述《先別急著吃棉花糖》影片中說的，2/3 的人會立刻把手上的棉花糖馬上吃掉，雖然他們知道只要多等一下，他們就會有 2 顆棉花糖，但是多數人還是沒有耐心等待。同樣都是要照顧子女，與其一次性的給予，如果改變一下方式，變成分次與有條件的給予，會不會對子女比較好？

我會建議，即使你有財產，也不要用直接贈與，或是不做任何規畫，在身故後直接由子女繼承大筆遺產，最好是在身故前就安排好資產傳承。我們來看看幾位知名人物，如何安排資產傳承？

1. 據報導，美國影星羅賓·威廉斯（Robin Williams）生前立下遺產信託，財產雖然平均分給 3 個孩子，但遺產的領用都要遵守分齡規則：當小孩年滿 21 歲時，可動用該份信託基金的 1/3；年滿 25 歲時，可取得 50%；年滿 30 歲時，

才能將遺產全額領走。

2. 香港女演員沈殿霞，身故後留下 6,000 萬港元（約合新台幣 2 億 2,260 萬元）的遺產，這些財產雖然全由女兒繼承，但由於擔心女兒無法做好理財規畫，加上為了讓女兒了解規畫金錢的重要性，因此沈殿霞在身故前於律師的陪同下，與女兒達成協議，須等到她 35 歲時才能使用這筆錢。

直接贈與財產給子女，可能會產生 3 缺點

財產給子女可能是生前贈與或是身後繼承，我把這個都歸類為贈與，如果都不做規畫，這樣的贈與可能會有以下這些缺點：

缺點 1》子女可能不具備理財能力

根據報導，有 6 成 NBA 球員，退休後不到 5 年就破產；億萬樂透得主的下場很多是傾家蕩產、人生毫無目標……。財產給子女後，如果他們不能善加管理，例如把財產做投資運用，讓它產生孳息與報酬，讓財產可以增值。否則即使再多的財產給子女也不夠用，買 1 輛超跑可能就要幾千萬元了，不好好管理，再多的財產也會敗光。

如果多數人都是像棉花糖實驗中多數小孩一樣，看到棉花糖馬上把它吃完，你覺得你突然給子女一大筆錢財，他們會規畫如何細水長流的運用這些財產，還是從此揮霍無度？即使他們想好好運用，他們會有投資理財的能力嗎？

缺點 2》讓子女沒有人生目標、失去謀生能力

曾聽 1 位朋友説，某位媽媽光靠收房租 1 個月收入高達 90 萬元，她本來想直接給她兒子，後來轉念一想，這恐怕會養成兒子好吃懶做的習慣。於是這位聰明的媽媽後來把錢放入信託，並規定每年她兒子可憑上年度的薪資扣繳憑單來申請，她會給他一筆錢，信託會按照她兒子上年度薪資的金額加 1 倍給他。

如果 1 個月有 90 萬元的被動收入，你覺得你的子女會繼續工作嗎？所以才會説你的財產對子女而言，有可能是蘋果，也可能是毒藥。沒有做好規畫的財產贈與，對子女來説可能反而害了他們。

缺點 3》你會失去財產控制權

房產贈與給子女後，子女對父母不聞不問、不盡到奉養的責

任，或是下一代為遺產使得兄弟姊妹對簿公堂、彼此親情不在，這些都是常見的新聞。故而適度的在照顧子女及擁有財產控制權這兩方面取得平衡，才不會顧此失彼。

宜用信託取代直接贈與

要如何解決以上可能會有的問題？我要提出的觀念是：用信託取代直接贈與，資產傳承應該是善用保險、信託與遺囑這 3 支柱，來做完整的規畫（詳見圖 1）。

第 1 支柱》保險

利用保險可以發揮槓桿作用，例如用 1 年 1,200 元買到 100 萬元的意外險，這槓桿倍數是 833 倍。運用保險來轉嫁你可能有的風險，其他壽險、醫療險等都可有此功能，但是光做保險替子女建構一個高額的保障計畫，其實還不夠。

2005 年曾有一則香港的新聞提到，美林證券集團前亞太區常務董事羅勃・吉索（Robert Kissel，中文名：簡崇諾）被妻子南西殺害，留下 3 名子女，分別為 11 歲、8 歲和 5 歲，3 人繼承約 1,800 萬美元（約合新台幣 5 億 4,000 萬元），

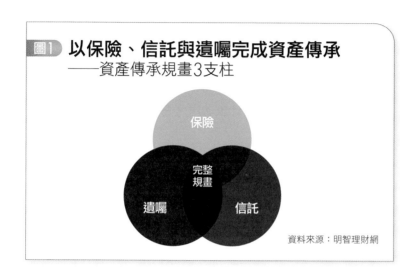

圖1 **以保險、信託與遺囑完成資產傳承**
──資產傳承規畫3支柱

保險

完整
規畫

遺囑　　信託

資料來源：明智理財網

但是這筆龐大的保險金，也不能保證讓這 3 個子女受到好的
照顧。他們的叔叔、嬸嬸、姑姑等互相爭奪撫養權與永久監護
權，只在乎其中利益，而不是想好好照顧三兄妹。

　國內也有類似的報導，例如〈父母遠航空難賠償金遭賭光！
年薪千萬「竹科狂男」成哈佛學霸　一場悲劇覺悟了〉（詳見
文末 tips 網址或 QR Code）這篇文章提到，該名竹科男生的
父母發生空難，死亡賠償金由法定監護人親戚代管，不過親人
沉迷大家樂，一夕之間把錢輸光。

第 2 支柱》信託

上述這些例子都說明，如果你只做了保險規畫，其實你只做了一半，因為它可能沒法保護你想照顧的人，較好的方式是使用「信託」。信託可以有什麼功用？它可以按照你的意願來分配、使用財產。

例如港星梅艷芳身故後留下數億財產給母親，但她知道母親不善於理財又好賭，因此她成立一個信託每月提供 7 萬港元（約合新台幣 26 萬元）給母親。但是母親和長兄仍多次向法庭申請，想要一次性提領完信託內 7,100 萬港元（約合新台幣 2 億 6,341 萬元）。這筆錢如果沒有成立信託，可能早被她母親花光了，因為是按月給付，才能確保她媽媽生活無虞。

信託可以按照你的意思來規定財產使用的方式，信託合約中可訂定按時間給付受益人（按月、季、年）、特殊事件（留學、結婚、創業等）可領一筆錢等等方式。與其贈與或繼承一次一大筆財富給子女，信託可以發揮彈性、可調整、保留控制權等特性。例如不會在贈與子女不動產後，因為子女不孝而要走訴訟程序、撤銷贈與等麻煩事，在信託內的資產並不是直接贈與，你還是能夠保有控制權。

第 3 支柱》遺囑

遺囑是讓法律為你的財產分配做靠山，如果不預先做安排，身後留下的財產，只能按照《民法》順位分配給各個順位的繼承人。但是如果你想分配財產的人，並不是法定繼承人，或是你希望有不同的分配比率，或是遺產希望除了給繼承人外，還可以做社會公益等其他用途。你可以訂立 1 份有效的遺囑，甚至選定遺囑執行人，來為你完成繳遺產稅、成立遺囑信託等事務。

所以，對於資產傳承、贈與、保障規畫等，建議你利用保險、信託、遺囑做一完整規畫。其中：

①**保險**：可發揮槓桿作用、提供最大保障。
②**信託**：按照你的意願用錢、並且以文字契約明訂。
③**遺囑**：讓法律作為你財產分配的後盾。

像以上的例子，父母可以成立信託，保險給付可以進入信託內，按照他們想要的方式來照顧子女，例如每月給生活費或其他大筆的給付，就不會發生保險金被挪用的狀況。遺囑可以指定遺囑執行人，萬一意外發生子女由信任的人來照顧等。

　　建議你想要做資產傳承、贈與等規畫時，再多做一點考量，或是尋求財務顧問的協助，為你做完整規畫。不要讓你一生打拼辛苦累積的財富，與照顧子女的美意，因為一個小小的缺失，而無法達成你的心願。

⚓tips 相關網站資訊

網站	網址	QR Code
先別急著吃棉花糖（Don't eat the marshmallow!）	www.youtube.com/watch?v=M0yhHKWUa0g	
父母遠航空難賠償金遭賭光！年薪千萬「竹科狂男」成哈佛學霸一場悲劇覺悟了	www.ettoday.net/news/20191214/1600955.htm	

5-6
把握 3 要點
解決家族企業接班難題

曾經，我到桃園楊梅 1 家工廠，因為那家公司要結束營業，所以一些辦公設備、用品等，都以很便宜的價格出售。但是這家公司可不是普通的公司，它是赫赫有名的「王安電腦」（Wang Laboratories），它曾經是讓 IBM 懼怕的 1 家公司，但是那年，它卻只能默默地關閉在台灣的工廠。

對於王安電腦，微軟（Microsoft）聯合創始人比爾・蓋茲（Bill Gates）曾表示，如果王安電腦能完成第二次戰略轉折，世界上可能不會有微軟，他自己也不會成為科技偶像，「可能就在某個地方做教師，或是 1 位律師」。

王安電腦員工最多時達 3 萬餘人，年營業額達 30 億美

元（約合新台幣 1,500 億元），創辦人是美籍華人王安，1984 年曾被列為美國第 5 大富豪，1989 年入選美國發明家殿堂，與湯瑪士‧愛迪生（Thomas Edison）等發明家齊名。

1986 年 11 月，王安決定退休，他堅信虎父無犬子，因此傳子不傳賢。他不顧董事會和高階主管的反對，讓當時 36 歲的長子王烈出任公司總裁，這讓公司上下大失所望。1990 年，王安因食道癌生病去世。1992 年 8 月 18 日，王安電腦宣布破產，一家讓華人引以為傲的企業，一下子消失了。

像王安電腦這樣一家前景看好的公司，都可以因為一項錯誤的決策，讓企業瞬間消失了，而一般規模更小的企業，更應該在傳承接班的問題上，預先做好規畫。也就是說，企業主除了專注本身企業經營外，也應該關心跟本身權益，以及企業傳承接班的問題。企業主應該留意以下這些要點，以便能及早做規畫，做妥善的安排：

要點 1》在個人資產及企業經營間建立防火牆

台灣生產蒟蒻椰果的華元盛香珍集團，曾經因為外銷蒟蒻到

美國，結果發生兒童因食用該產品而噎死的事件。短短不到 4 個月，3 件孩童不幸噎死的案件，盛香珍要賠償約 1 億 1,670 萬美元，相當於新台幣 35 億元左右。這一筆昂貴的賠償金，對於規模龐大的盛香珍集團來說，也是傷筋動骨。

現在消費者意識抬頭，甚至連律師、會計師、醫師等等，有時都要面臨因執業疏忽，因違約或侵權行為而被告，需要面臨金錢財產之追訴的問題。如果是企業的經營有較高風險的，例如飲料、食品等項目，有可能因為產品問題而導致消費者糾紛、法律訴訟等，如果不預先做好規畫，可能會對個人與家庭財務，帶來不小的衝擊。

台灣很多人經營企業都公私不分，尤其很多的中小企業是獨資經營，老闆個人握有公司大多數的股權。老闆可能以個人名義對外借款，因此如果發生債務問題，債務人求償時，個人資產會受到牽連。但是如果你把個人的資產，例如不動產、現金、投資資產等，以成立信託的方式，把財產放入信託。這些財產名義上的擁有者變成了信託，它不但有隱匿財產的功能，也有防火牆的功能，當企業經營有風險時，債權人是不能對信託財產求償的。

因此，可以在個人資產及企業經營風險之間建立防火牆，因為信託財產之債權與不屬於該信託財產之債務不得抵銷（註1），而且信託財產具有獨立性，即與受託人的自有財產分離。而且信託成立後，原則上，任何人都不能對信託財產強制執行，除非信託行為有害於委託人之債權人權利時，債權人才可以聲請法院撤銷。

要點 **2**》確保資產可按照你的意願傳承給子女

你希望你辛苦打拼留下的財產，能夠留什麼給後代的子女？讓他們擁有極多的財富、豪奢的生活，從此不用再為生活奮鬥，靠這個財產悠閒過一生？要知道，適當地留財產給子女，對他們可能是一種幫助，但是過多的財產也許對他們不見得是好事。如果子女沒有相當的自律，或是管理錢財的能力，太多的財產對他們來講可能是不必要的。

財產只能在身後當遺產一次給子女嗎？你其實可以有更多的規畫。如果你怕你的小孩沒有管理錢財的能力，那麼可以利用信託的方式，分批留給他們，讓他們在信託條款的限制下，有條件的使用這些財產（例如每月的生活費、創業、留學、結婚、

生子等），而大部分的財產，仍然在信託底下做投資管理產生孳息，等到他們長大成人後財產再分配給他們。

如果你不想留錢給子女，想要回饋社會，你也可以贈與給慈善機構，或是以成立公益信託的方式來從事公益。

要點 3》讓你的企業可以永續經營

企業的創立不容易，但是企業的經營往往面臨很多的變數、經營上的風險，例如其他企業的惡意購併、內部股東不合等因素，都可能造成股權的旁落，讓企業無法維持正常的營運，因此如何控制股權，把這些股權掌握在手上，是很重要的事情。

如果企業主有遠見，可以放開心胸、做不一樣的規畫，利用公益信託來持有公司的股權，又可以做公益，是相當好的方式。就像台灣已故首富王永慶把台塑（1301）公司等股權集中於幾個公益信託一樣，企業把部分的股權轉入公益信託，當

註 1：《信託法》第 13 條規定：「屬於信託財產之債權與不屬於該信託財產之債務不得互相抵銷。」

成信託的資產。雖然如此一來，你再也不能把它拿回來，它已經不屬於個人或公司的資產。

但是因為你是這個公益信託的設立人，也就是委託人，你可以透過設立諮詢委員會的方式，來決定這個公益信託資金的應用方式。利用這個信託，你可做你有興趣想做的公益項目，同時因為受託人（一般為銀行信託部），不能違反信託本旨處分信託財產者，假若信託資產是你公司的股票，那麼如果受託人要做處分，也是為了要執行信託相關的公益事項，或是其他相關的支出，因此這些股票是不能任意做處分的。而這些股份長期的為公益信託所持有，可以達到穩定你公司股權的目的。如果規模夠大，可能你每年利用這些股票的配息，就夠支應公益的支出了。

至於公益信託裡面的資產安全嗎？依據《信託法》第75條規定：「公益信託應置信託監察人。」也就是說，每個公益信託均須設置信託監察人，來監督信託業者是否有依照信託目的管理運用資金。另一方面，依據《內政業務公益信託許可及監督辦法》第9條規定：「信託財產為應登記或註冊之財產權者，受託人應於申請財產權變更登記之同時，辦理信託登記；信託

財產為有價證券者，應於受讓證券權利之同時，依目的事業主管機關規定，於證券上或其他表彰權利之文件上載明其為信託財產之意旨；信託財產為股票或公司債券者，並應通知發行公司。」從上述法規條文來看，公益信託中的資產其實是相當有保障的。

如果家族企業的資產等已經達到一定規模，甚至可以成立「家族辦公室」，來統整你的企業傳承，包括資產投資管理、企業接班等，做長期的系統性管理。企業傳承不是只有第 2 代要能夠承接上一代財富的問題，他們同時要有經營事業的能力，與認同企業使命價值觀、企業文化等。

為何需要設立家族辦公室？因為你需要一個從家族成員的需求與利益出發的組織，來整合企業傳承、接班人訓練、稅務、慈善公益、家族財產投資管理、企業治理、家族文化傳承等事務。你應該打破企業一定要「傳子不傳賢」的觀念，把家族辦公室定位成凝聚家族成員向心力的工具。讓它變成是一個常設的單位，在家族中尋找合適的人才，甚至引進外部的專業人才，來擔任不同的角色、發揮不同的功能，經過這樣有系統的運作，你將可以找到一條途徑讓企業可以傳承、永續發展。

　　在這方面，可以向美國的石油大亨約翰‧洛克斐勒（John Rockefeller）學習。1897 年，洛克斐勒 60 歲交棒時，他沒有把家族事業託付給獨子，而是由老臣約翰‧阿奇博爾德（John Archbold）掌管，並設立家族辦公室，由家族代表和專業經理人共組決策委員會主導運作。洛克斐勒也將公司股權大多數信託，且獨立於家族辦公室，把所有權分開，另設受託委員會，掌管信託資產的處分及收益，如此一來，公司的股權就不會因世代繼承而稀釋。

5-7
在能力範圍內
將公益慈善納入財務規畫

2014 年 6 月，我跟同事曾經到孟加拉，參加「尤努斯中心」（Yunus Centre，詳見文末 tips 網址或 QR Code）所辦的社會企業日的活動。第 1 天我們走在馬路上，看到當地街頭的景象，真是讓人印象相當深刻。孟加拉的馬路上有很多的人力三輪車，一般這樣的三輪車後面都是有一排的座位，載著 1 位、2 位乘客。但是我看到有 1 位年輕人踩著 1 輛三輪車，後面居然有 2 排的座椅，上面坐了 7 個國中生模樣的女生，那個車伕賣力的踩著那輛車子，他有時候甚至要站起來踩，他努力踩著、臉上流下汗水的模樣，真是讓人難以忘記。

後來我們就參觀了尤努斯中心辦的一個學前教育的場所，當天下小雨，我們踩著泥濘的泥巴路徑到了 1 間房子。那個地

方大概有 5 坪大，裡面擠了大概有 20 位小朋友，唯一的燈光是最上面垂下的 1 個昏暗的燈泡，還有 1 支電風扇賣力的轉著。那個房間沒有窗戶，我們進去 5 分鐘以後就一直流汗。

那間房子是尤努斯中心為了學齡前的小朋友，讓他們能夠受教育的地方，孩子們的父母每個月繳少少的錢，把子女送去學習，班上則有 1 位老師負責這個班級。為了歡迎我們的到訪，小朋友們還進行唱歌等表演。

看到這樣的場景，你會想到地球上還有那麼多人生活在貧窮線以下，他們連過溫飽可能都有問題。我們在參加尤努斯中心辦的社會企業日活動中，接觸到很多各個國家的人，他們以經營社會企業的方式，在各自的地方解決環保、慈善、教育等問題。除了尤努斯中心以外，2006 年諾貝爾和平獎得主穆罕默德·尤努斯（Muhammad Yunus），也在孟加拉創辦了鄉村銀行（Grameen Bank），借錢給困苦的人們，讓他們可以創業增加收入，有效的改善孟加拉人貧窮的問題。

除了孟加拉外，台灣也不乏有愛心、在做慈善的人，之前我們也曾經參觀過「種籽社會企業」（詳見文末 tips 網址或 QR

Code）所舉辦，一項名為「星光教室」的活動。它們租下 1 棟公寓的 1 樓，有些原住民的小孩，因為父母工作繁忙等因素，晚上回家是沒有晚餐可吃的。這些小朋友在放學之後就到這個地方，有免費晚餐可吃，還有些大學教授退休後擔任義工，輔導孩子們的功課。種籽社會企業創辦人陳在惠牧師說，做這樣的事情，1 年要募款 400 萬元以上。

做公益不是富人的專利

我們的社會就是有這麼多的慈善團體，默默的在做一些公益活動，但因為沒有知名度，多數人並不知道它們的存在，也很難募得到款。

在協助客戶做財務規畫時，有些客戶對退休後的生活不知道如何規畫，如果他們也有相當的資產，我都會建議他們把「做公益」這件事情，納入他們的財務規畫中。1 個人能累積到相當的財富，其實是受惠於整體社會，如果考量到身後傳承的問題，也許你並不需要把全部財產留給後代。留下讓他們足以維持不錯的生活的財產就夠了，行有餘力你可以利用一部分資產做公益。當然，這並不是說要資產很多才能做公益，你可以在

自己能力範圍內，選擇適合的方式來做慈善活動。

你可能都會固定捐錢給慈濟、心路（全稱為「財團法人心路社會福利基金會」）等公益團體，但是台灣除了這些具知名度的公益團體外，還有數萬家的慈善機構。它們也在做各種慈善，但是因為沒有知名度，因此社會大眾不知道可以捐錢給它們，這些慈善機構往往是募款困難、勉強苦撐。

捐錢給公益團體是做慈善的一種方式，另一種方式是你可以用自己的方式做公益，例如選擇你有興趣的公益項目、團體等，用成立公益信託的方式進行。你可以把慈善基金用在這些沒有知名度的慈善機構上，這樣可避免資源過度集中在知名慈善團體，而其他慈善機構卻很難募款的狀況。

成立公益信託具有 4 項特性

成立公益信託有低門檻、低成本、節稅等特性，分述如下：

特性 1》可為小規模資金之設立

公益信託可以初期先以小規模的資金設立（例如 100 萬元

以內），成立後再投入資金，或是舉辦活動對外募款，來進行想要做的公益活動。例如我們曾經協助 1 位台商，以舉辦畫展的形式，將他自己畫的油畫拍賣後再捐入公益信託。

特性 2》成立門檻較低

與財團法人（基金會）比較，公益信託門檻較低：①不必取得法人資格，設立手續較為簡便，個人或企業服務社會之目標可即時達成；②無須成立主事務所及設置專職人員，可節省費用之支出等特點。

特性 3》可以彈性且有效率地運用信託財產

公益信託可動用本金及孳息，可以彈性且有效率地運用而達成信託目的，不像基金會資金運用不消耗本金，因此只能用財產的孳息做給付。

特性 4》有節稅效果

公益信託捐贈金額可作為所得稅列舉扣除額，以個人名義捐贈，捐贈總額最高不超過綜合所得總額之 20% 為限。用營利事業名義做捐贈，不超過所得額 10%，可列為當年度費用或損失。

例如個人年度所得 1,000 萬元，如果捐助公益信託 200 萬元，此金額可作為所得稅列舉扣除額，因此所得額降低為 800 萬元。本來應該繳稅約 317 萬元，變成繳稅約 237 萬元，節省稅額 80 萬元，所以實際捐贈金額約 120 萬元（詳見表 1、註 1）。

至於公益信託要如何設立？它需要有委託人、受託人（一般是銀行信託部），由受託人向目的事業主管機關提出申請許可設立（詳見圖 1）。不同的公益項目有不同的主管機關，在受託人收到許可設立通知後，應即辦理信託財產之移轉，將委託人財產轉入變成信託財產。

公益信託必須有信託監察人的設置，以監督信託是否依信託主旨運作，另外可設置諮詢委員會輔助受託人，提供受託人執行與管理處分信託財產之建議與意見。

3 方法將公益與財務規畫做結合

如果要把公益納入你的財務規畫內，你可以如何將它與你的財務規畫結合？

表1 將所得成立公益信託可節稅
──成立公益信託vs.無成立公益信託

年所得	有無成立公益信託	應納稅額	捐助公益	節省稅額
1,000萬元	無成立公益信託	約317萬元	無	無
	20%（200萬元）成立公益信託	約237萬元	200萬元	80萬元

方法 1》保險金指定受益人為公益團體

保險給付的受益人是由要保人指定的，你可以在法定繼承人名單之外，把慈善團體列入受益人名單中。而給付比率多少由你指定，到時保險公司就可以依照你的指示，把保險給付給慈善團體。

註1：相關法規：《遺產及贈與稅法》第16-1條規定：「遺贈人、受遺贈人或繼承人提供財產，捐贈或加入於被繼承人死亡時已成立之公益信託，並符合各款規定者，該財產不計入遺產總額。」《遺產及贈與稅法》第20-1條規定：「因委託人提供財產成立、捐贈或加入符合第16-1條各款規定之公益信託，受益人得享有信託利益之權利，不計入贈與總額。」《所得稅法》第17條規定，「列舉扣除額方面，對於教育、文化、公益、慈善機構或團體之捐贈總額，最高不超過綜合所得總額20%為限。」《所得稅法》第36條規定：「營利事業之捐贈，得依下列規定，列為當年度費用或損失：……。2、除前款規定之捐贈外，凡對合於第11條第4項規定之機關、團體之捐贈，以不超過所得額10%為限。」《所得稅法》稱教育、文化、公益、慈善機構或團體，係以合於民法總則公益社團及財團之組織，或依其他關係法令，經向主管機關登記或立案成立者為限。

方法 2》在私益信託中指定受益人為公益團體

私益信託有分自益信託（受益人是自己）、他益信託（受益人是其他人）。你都可以在信託內容中指定，把信託的財產捐給公益團體，可以指定捐款的方式、金額等。你也可以按月捐，或是載明身故後全部剩餘財產捐給慈善團體等。

方法 3》成立公益信託做慈善

如果想要成立公益信託做慈善，可參考以下 2 方向：

①現在就積極參與公益活動

如果行有餘力，你可以現在就規畫成立公益信託，並選定一些你有興趣的慈善項目做公益。公益信託運作方式有「積極性做法」及「消極性做法」。

積極性做法是你設立後，實際參與信託的營運，例如信託以後要做慈善的項目、要協助的對象是誰？由你來做評估。例如你要贊助育幼院，你會用什麼方式協助它們？只是捐錢，還是你會提供義工，協助院童的學業輔導等。因此你可能會去參觀育幼院，了解它們如何運作，你可能每年會替它們辦些活動等；消極性做法是你可能只是捐錢給相關的慈善團體，讓它們去完

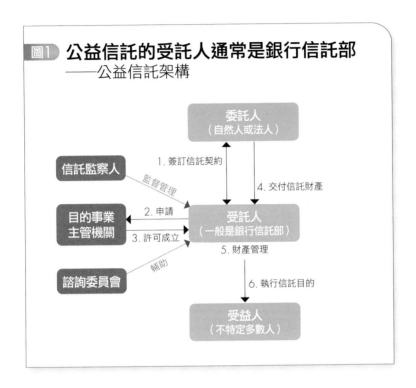

圖1 **公益信託的受託人通常是銀行信託部**
——公益信託架構

成你想做的公益活動，你本身並不參與運作。

做公益活動也很適合跟退休規畫結合，例如你成立公益信託做的項目是協助新創的社會企業，做環境保護、食農創新、科技創新及綠能環保等。信託基金可能採取股權投資的方式投

資它們，如果這些社會企業以後有盈餘了，也可以回饋公益信託。而你以前的工作經驗，正好可以用來協助這些公司的營運發展，如此一來，退休後不但有事做，還可以運用你的經驗能力來做公益。

②用遺囑的方式設立公益信託

《信託法》第 2 條規定：「信託，除法律另有規定外，應以契約或遺囑為之。」這意思是說你可以用立遺囑的方式設立信託。這時委託人（立遺囑人）在遺囑中載明將財產之全部或一部分，在死亡後信託於受託人，使受託人依信託本旨，為受益人之利益或為特定之目的、管理或處分信託財產，信託生效日為委託人死亡發生繼承事實時。

當然你可以指定成立公益信託，這時在遺囑中可能要指定遺囑執行人，到時協助立遺囑人繳遺產稅、分配完財產後，將部分財產轉入作為公益信託財產。實務上信託契約內容是立遺囑人生前，就已經跟受託人討論完，並簽訂遺囑信託契約，只是信託契約是自立遺囑人死亡後始生效。不過成立遺囑信託，因為需要留意遺產稅、特留分、信託公益項目、以後如何執行、信託監察人等問題，可以諮詢財務顧問事先做好規畫。

tips 相關網站資訊

網站	網址	QR Code
Yunus Centre	www.muhammadyunus.org/	
種籽社會企業	seedinland.com/	

5-8
面對全球金融危機
3方向找出理財因應之道

　　有一次我去參加一個節目的錄影，電視台在錄影前都會做個簡單的梳化。我在等待時，聽到背後有工作人員問說：「X小姐，我們去後面化妝好嗎？」另外一個聲音回答說：「你看我這樣子需要化妝嗎？」我一聽就覺得奇怪，於是轉過頭去，我看到她的臉上是有點坑坑巴巴的，難怪她説不需要化妝。

　　後來我就跟該名女士聊起天來，她説以前一家保險業務員來看了她的保單之後，説她的保單不好，希望她解約，再重新買他所建議的保單。結果她因為太忙，就把這個事情擱下了，沒有想到 2 週之後，她們家發生火災，她就被燒成這樣子了。她説還好因為那時候她並沒有馬上去辦解約，即使她買了新的保單，那時候因為還在 30 天的等待期，新的保單醫療險還不

會生效,那她的醫藥費可能就沒有著落了。

除了這一則故事之外,後來也陸續看到了幾篇報導:

報導 1》 某位業務員告訴 1 位保戶,說他的壽險可以更換成投資型保單,因此該位保戶聽了業務員的建議,就把保單做了轉換,結果連原來的失能險等附約也都解除了。後來該位保戶發生意外,但因為少了失能險的保障,幾百萬元的理賠金就理賠不到了。

報導 2》 2020 年 4 月 22 日,國際原油期貨史上首次跌成每桶 -37.63 美元(註 1)。1 位中國銀行「原油寶」(指中國銀行為境內個人客戶提供掛鉤境外原油期貨的交易服務)投資者花人民幣 1 萬元(約合新台幣 4 萬 2,366 元)在國際原油期貨價格為 1 美分時買入,結果國際原油期貨價格變成負值,該名投資者倒虧欠銀行約人民幣 4,000 萬元(約合新台幣 1 億 6,946 萬 6,888 元)。此外,台灣也有 1 位投資人

註 1:編按:報導中提到的國際原油期貨是指「西德州中級原油(WTI)期貨」,且該則報導上註明國際原油期貨跌成每桶 -37.63 美元是發生在 2020 年 4 月 22 日,但實際上是發生在 2020 年 4 月 20 日(美國時間)。

以每口 0.025 美元（約合新台幣 0.75 元）買了小輕原油期貨 10 口，最後以每桶 -37.63 美元（約合新台幣 -1,129 元）結算，造成他大虧新台幣 550 萬元。

　　報導 3》40 多歲的壽險業務員林小姐，自 10 多年前開始，向熟識的客戶推銷自製的投資型保單，佯稱此保單投資特定基金不但保本，還可按月給付利息。實際卻是把客戶的錢拿去買股票，保單根本是偽造的，林小姐從 2006 年 7 月 1 日起，以假保單、偽造的送金單詐騙客戶 1 億多元。

　　上述這幾件事情看似完全不相關，但是卻跟你的理財規畫是息息相關。我們常說「你不理財、財不理你」，要積極理財才能讓自己累積財富，但是錯誤理財用錯方向，理財不但不能幫你賺到錢，還會讓你虧損嚴重。

　　理財上，你會面臨很多誘惑與抉擇，例如去銀行辦定存，理專跟你說有 6 年期美元保單，利率比定存好很多，你可能就把錢轉去買美元保單了；石油期貨價格變負的，你的 line 群組、臉書上有不少人鼓吹可以進場投資，低點買進以後一定可以大賺，你看了也不禁感到心動就跟著投資了。

　　積極理財不是教你馬上去學技術分析、如何選股等,把自己變成投資專家,而是你應該改掉對自己的財務等漠不關心的態度,至少你應該要有基本的金融常識,避免陷入這些不利的、讓自己造成財務損失的狀況。即使不是遇到詐騙,碰上不專業的金融從業人員,可能也會讓自己權益受損,或是胡亂投資讓自己損失慘重。這也凸顯出來一個問題是,金融商品複雜度高,多數人沒有能力在面臨需要選擇時,無法去做合理的判斷,有時候自己的權益往往受損了。

　　2020 年這波新型冠狀病毒肺炎(Covid-19)疫情讓大家有很多時間待在家裡,正好給大家一個省思的機會,好好為自己的財務做個總整理,並做出適當的因應,有幾個方向可以提供參考:

方向 1》把錢分成不同用途,才能妥善運用

　　某次看到朋友傳的訊息,有人買了南非幣新興市場債券投資型保單虧損了 23%,重點是投資的錢是他辦房貸向銀行借來的,理想狀況是保單一直配息,而且都高於房貸利率。但最後他賠光了他的老本,因為槓桿 1 倍、5 倍,自己的錢賠光了,

還欠銀行一大筆貸款，而且他已經 70 幾歲，退休了。

　　就是因為多數人不會把錢分成不同用途，所有的錢都在銀行帳戶，因此心理上覺得自己有很多錢，就會胡亂投資、買金融商品。為了避免這種情況，你要根據自己的財務目標，把在銀行帳戶中，還可自由動用的錢，分成不同用途，例如緊急預備金、為財務目標做準備的錢、靈活運用的錢，你的錢分配比率可能如下：緊急預備金 10%、為財務目標做準備 80%、靈活運用金 10%（詳見圖 1）。

　　這時因為你的錢都設定好用途了，你就只能運用這 10% 靈活錢做投資，萬一有虧損，不至於造成你的大問題；用來做財務目標準備的錢，都是經過妥善安排在適當的投資工具上，做中長期的投資。如此一來，你就不會有太多的閒錢擺在銀行戶頭，你不會因為金融從業人員的推銷，就倉促買下一些不合適的商品。

　　2020 年年初爆發的疫情影響了全球經濟及就業市場，很多工作生態可能都徹底被改變了，也許你的工作會面臨一些變動，你可能要思考這會不會對你造成財務上的衝擊，你的承受

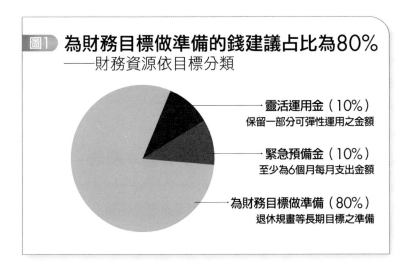

圖1 **為財務目標做準備的錢建議占比為80%**
——財務資源依目標分類

靈活運用金（10%）
保留一部分可彈性運用之金額

緊急預備金（10%）
至少為6個月每月支出金額

為財務目標做準備（80%）
退休規畫等長期目標之準備

力如何？你工作的穩定性如何？你的工作被取代或消失的可能性多大？產業的前景如何？如果面臨收入下降，需要轉職或失業，你有存款能讓你應付這波疫情的衝擊嗎？最怕的是有些人以為工作收入不錯、公司前途看好，在自己的財務上過於樂觀，平常不做任何儲蓄、不學習理財正確觀念，因此在面對職場的變動時沒有能力做因應。

其實不管你的薪水高低，你都應該維持把一部分收入做儲蓄、投資的習慣，你將因此有　筆錢當後盾、做你的靠山。當

工作產生變化時，你到時將會有選擇的自由，例如休息一陣子或轉換職業等，而不是被動的因為失業而無所適從。這筆錢可以讓你度過收入中斷、轉換工作需要學習新技能等，不至於讓你面臨財務中斷的窘境。

方向 2》對於保險、投資要有基本概念

金融從業人員是跟民眾投資理財等最息息相關的人，當然多數的從業人員都是盡忠職守、好好服務客戶的。但是有部分從業人員，可能就便宜行事、沒有盡到專業盡責的責任。如果業務員叫你做什麼重大的變更，你應該請他就變更前後利益的改變做詳細說明。如有疑問可諮詢其他人的意見，不要貿然做決定。會去慫恿客戶做保單解約的業務員，你也可以合理懷疑他是否盡到他工作的本分。

如果你既有的保單有保障不足，或是保費太高的問題，例如花大筆錢買儲蓄險、終身醫療，結果連最基本的壽險保障都不足、沒有實支實付醫療險，當住院時，保險理賠可能就無法提供你足夠的保障。這時你的保單確實需要調整，但是原則是調整既有的保單，或是新購險種補足原有保單的不足，有很多種

方式做變更，你不需要把原有保單解約再去另買保單。

因為保單轉換可能會造成你的損失，例如醫療險需要 30 天等待期，如果貿然把舊保單解約另買新的保單，30 天以內你新保單還沒生效，但是舊單已經解約，將造成保障的空窗期。儲蓄險提前解約，可能造成你本金的虧損等。因此，碰到這種較重大的變更請不要衝動，要停看聽、多問問身邊具有相關專業的人，不要因為業務員是熟識的人就完全信任，不做任何的查核就變更保單。

你也應該充實金融專業知識，聰明理財讓自己變成不當行銷與詐騙的絕緣體。這些基本的金融常識，讓你面臨五花八門的銷售時，能夠判斷哪些是合理的，哪些是行銷的話術或捏造的數據。面對這些複雜的資訊，你也應該在周遭的人脈中，找到一些有專業及願意分享的人，當面臨這種無法做決定的時候，他們可以給你客觀的建議。

方向 3》考量自身風險承受力後，再投資

如果你要投資，銀行或投顧公司一定會要你做一個「KYC」

（Know Your Customer，了解你的客戶）的問卷，而裡面可能會問你可以忍受多少投資的損失？例如 10%、20% 等。這是在問你的「風險承受度」（Risk Tolerance），它是一個投資人可以覺得舒適承受的風險，或是投資人可以接受的不確定性，它可以由問卷的問題來發現一個投資人從事投資、承受風險，然後晚上還可以睡得著的狀況。

一個風險承受度高的投資人會願意冒較高風險、追求高報酬，他的投資組合可能多數是股票，債券比率比較少。而風險承受度低的投資人，可能買投資級債券的比率會高過股票，因為他比較不願意承擔較高風險。

但是在財務規畫上，除了看風險承受度外，比較要注重的反而是投資人的「風險承受力」（Risk Capacity）。因為風險承受度是心理因素，感覺自己願意承擔多少風險，它是難以量化的，而風險承受力指的是財務上你可以承受風險的能力，它是比較可以做量化分析的。

風險承受力評估你可以承擔多少風險，而不會影響到你實現你的財務目標。投資一定會有風險，因此你要評估投資標的的

波動度，及可能造成的損失。如果投資產生虧損，對你的財務造成衝擊時，你是否有能力應付這樣的衝擊等。

為什麼要再做風險承受力評估？因為只評估風險承受度是不夠的。例如：A 先生 30 歲，在 1 家科技公司上班，收入不錯、沒有負債，也沒有重大的財務負擔，銀行也有一筆 300 萬元的存款；A 先生的同學 B 先生同樣 30 歲，但是他自己剛創業開餐廳收入不穩定，因為向銀行及親友借了不少錢，他只要有錢，都是再投入餐廳做營運資金，因此有負債，也沒存款。

假設某天，2 個人同時去銀行詢問有關理財的事情，做了 KYC 問卷顯示，他們都是比較穩健型、希望承擔投資的風險是 20% 以內的虧損。他們距離退休也都還有約 30 年的時間，於是理專建議他們買一樣的標的，這樣是合適的嗎？這樣其實是不對的，因為 2 個人的風險承受度雖然一樣，但是風險承受力卻差很多，A 先生是比較能夠承擔更多風險的。因此，投資必須根據風險承受力再做更多評估，這樣比較能夠符合實際的需求。

如果把風險承受力因素考量進去，你需要考慮什麼？它可以

從多個面向去衡量：

①可投資時間多長？時間愈長你愈可以承擔較高的風險。

②流動性需求：投資的錢對你來說是生活所需的錢，還是只是你資金的一部分？萬一投資結果不如預期，是否會造成你現金流短缺的問題？

③你多久之後需要做提領？你需要從投資金額中提領部分或全部，以支應你的目標需求（例如子女留學、退休等）嗎？預計提領的金額及次數分別是多少？

④你有其他財務備胎計畫嗎？萬一投資虧損，你是否有其他收入來源可做備胎，讓你的財務目標不至於受到影響？萬一有突發狀況，例如不可預期的重大疾病、需要昂貴的照護費用，配偶過世，自己失能，收入短少時，你是否可從其他地方取得收入？

上面的 B 先生有高流動性需求的人，因為他隨時可能會需要用到錢，因此他可投資時間較短，投資萬一虧損，他不會有

其他收入可以來做因應。因此他會受限於只能承受較低度風險的投資，他可能被迫遠離那些可能有較高報酬及較高風險的投資標的。

在面對百年一遇的疫情，造成國際社會經濟重大衝擊、投資環境動盪不安的時候，也許你可以針對自己的理財投資做一番檢視，自己現在的財務情況如何？是否需要做調整？思考這些問題，讓你在面對危機時，也能安然度過。

5-9
切記 **3** 重點
勿購買來路不明的金融商品

　　有一次和 1 位年輕人約在咖啡廳見面，到的時候看到他正忙著在打電腦。幾分鐘後他跟我說，他剛剛把客戶要買的商品在線上下單完成了。原來他賣的是 1 家印尼公司的期貨商品，他說該項商品是本金保本、每年配息 6%，很受到客戶歡迎，所以他生意不錯。

　　我當時就在心裡納悶，配息 6% 其實也不算高到什麼地步，大家接受度這麼高嗎？而且期貨商品一般都是企業拿來做避險之用，如果他們有能力配給消費者 6% 利息，再加業務員佣金，那他們應該可以賺到可能 20% 以上。如果他們技術這麼強，自己做自己賺就好，何必來找散戶的錢來做投資？不過，我並沒有説出我的懷疑。

後來，那位年輕人還和我說，他們常常在大飯店等地，辦豪華的業績表揚大會，聽起來是很美好，不過我還是感覺怪怪的。之後過了大約 1 年，我在新聞上就看到這家公司被檢警取締，它們捲走了新台幣 52 億元，導致 2,500 名投資人受騙，這讓我當初的懷疑得到了證實。

常常看到業務員來推銷說，你的房子現在沒有貸款了，貸款利率這麼低，你何不把它貸款出來，來買一張每年配息 18% 的保單？這樣扣除房貸約 2% 的利息後，你還可以賺到利息價差、本小利大，你聽了不禁怦然心動。買了之後才突然發現這個不是保證配息，也不保本，最後可能虧損本金了，但是還有 20 年的房貸要還。

或者，當金管會宣布說，自 2020 年 7 月起，將調降保單責任準備金利率，因此 7 月起保費可能會漲 10% ～ 30%。於是你可能就常接到從業人員打給你的電話，催促你趁沒有停賣前，趕快買這種末代保單。

有一種奇特的現象是，台灣永遠有一批人，在銷售各式各樣的地下金融商品，隨便都可詐騙幾十億、上百億元，讓投資人

損失慘重。結果 2019 年一個法院判決：投資人告贏當初招攬的業務人員，但是法官判決投資人要為自己的損失負一半責任；法官認為，該名投資人僅為了獲取高額利息，就甘願涉險投資，因此認定他應承擔一半損害。

因為我的工作是替客戶提供財務諮詢的服務，所以常看到各式各樣不同的客戶在理財上的行為。有些人很積極理財，把自己的財務打理得不錯；有些人則是有很大的進步空間。務必切記以下幾項重點：

重點 1》不要因為「即將停賣」而買保單

金管會在 2020 年 5 月表示，為因應全球央行降息、市場零負利率，自 2020 年 7 月起將調降保單責任準備金利率，因此 7 月起保費可能會漲 10% ～ 30%。受到影響的是有保單價值準備金的終身型險種及長年期主附約保單。雖然金管會嚴禁用停賣效應來推銷保單，但是你可能接到不少推銷電話告知：「保費要漲了，再不買以後就買不到了。」

以前曾經幫某位客戶整理她的保單，他們全家 1 年保費約

130 萬元，因為她買了不少儲蓄險。我請問她買這些儲蓄險的用途是什麼？她說是用於退休規畫，於是我們幫她整理了一份保險金未來給付的現金流量表。因為該名客戶買的都是每一年，或是每隔幾年給付 1 次的保單。結果報表顯示，這些保險金的給付，並不是完全可以符合她退休的需求，有些年度給付比較多，1 年 15 萬元、20 萬元不等，由於有些保單並不是每年給付，因此有些年度是零。

依照這種現金流流入的預估，這些保單恐怕無法完全滿足她退休規畫的需求，因為退休費是每年、每個月都需要的。但那是以前在保單預定利率 7%、8% 年代的保單，現在這種保單根本買不到了，取而代之的是宣告利率變動式的年金保單，或是配息型的投資型保單。

財務顧問在幫客戶做財務規畫時，會建議客戶用合適的金融商品工具，完成財務目標，而保險就是其中一項工具。你可以利用保險完成保障、退休規畫等需求，因此，你應該依照你的財務目標來規畫保險，不要在從業人員以停賣為藉口的推銷下，倉促購買保單。從業人員向你推銷，只是賣力在做他們的工作，這沒有對錯。如果沒有事先規畫好再購買，你可能就會

出現上述這位客戶的狀況，花了一堆錢，但買到的保險卻無法
滿足你的需求。

以後儲蓄險將在台灣絕跡了，取而代之的應該是配息、附保
證給付的投資型保單會大行其道。不過投資型保單的本質就是
投資、就是會有風險，在這種投資環境瞬息萬變的時代，保險
公司要如何可以做到保證給付？以及它們如何保證？這些都是
未來你可以留意的重點。

美國聯準會（Fed）2020 年 6 月利率決策會議決定，現行
利率水準維持在 0% ～ 0.25% 不變，目前逼近零利率水準將
維持到 2022 年底（註 1）。現在抱持「現金為王」的觀念
恐怕是危險的事，因為逼近零利率的水準，過多的現金將會被
通膨蠶食，購買力降低。如果用「72 法則」來算，假設通膨
率為 3%，24 年後，你現金的購買力將會下降一倍。以定存
現在不到 1% 的利率來看，勢必無法趕上通膨，儲蓄險保單的
實質利率其實也好不了多少。

因此，在買保單之前，應該是針對你的財務規畫好好思考一
下，用什麼工具能夠完成目標？而不是一窩蜂地在停賣效應下

去搶買保單。

重點 2》金融詐騙頻傳，投資失利自身須負責

地下金融商品總是層出不窮，如果我們的消費者改變不了追逐高報酬、不會查證的習慣，類似本章最前面提到的「印尼期貨商品」這種事件，永遠都會繼續存在。

不過 2019 年 7 月 30 日，〈千禧集團違法吸金遭索賠 法院認投資人應承擔一半損害〉（詳見文末 tips 網址或 QR Code）這篇報導就值得你關注了。

報導中說，吳姓印尼期貨商品被害人指控陳男等人詐騙害他投資虧空，提告索賠 13 萬美元（約合新台幣 390 萬元）。對此，台北地方法院認為，吳先生明知千禧投顧運作模式，顯然與一般存款或民間金融活動不同，僅為獲取高額利息，甘願涉險投資，認定應承擔一半損害，且受損害金額應扣除已領取

註 1：編按：美國聯準會 2020 年 9 月利率決策會議決定，利率水準仍維持 0% ～ 0.25% 不變。

利息 1 萬 8,950 美元，因此判被告只需連帶給付一半金額，即 5 萬 5,525 美元（約合新台幣 166 萬 5,750 元）。

這樣的判決對投資人具有指標性的意義，意思是你要自己留意投資風險，即使是非法的投資工具，到時損失了你也要負一半責任。

除了上述的案例以外，也有一個富南斯詐騙案吸金約 300 億元，它們號稱每月保證獲利 16%，半年回本、1 年翻倍。這家公司贊助 F1 賽車、常舉辦大型活動請大咖明星演出。不過如果你在網路搜尋該公司的英文名稱「Financial.org」，也可發現不少該公司涉嫌投資詐騙的文章，以及遭阿拉伯聯合大公國、馬來西亞、新加坡、印尼、泰國金融監管機構警告的資訊。更甚者，在富南斯詐騙案爆發前幾年，在一些網站，例如 Mobile01，其實就已經有不少人在討論這個話題。

稍有金融常識的人也知道，在現在銀行定存利率不到 1% 的年代，怎麼可能 1 個月可以保證獲利 16%？如果它們技術這麼厲害，只要公開募資，一定就一堆人投資它們了，根本不需要直接找消費者，做 1 萬美元（約合新台幣 30 萬元）這種

小額的投資。

　　所以碰上自己不熟悉的投資商品，真的要多方查證一下，否則碰上這種詐騙你可能求償無門，即使走法律途徑打官司，法官也會認定你應該為自己的投資付一半責任，你也無法完全拿回你投資的錢，你能不更加小心嗎？

重點 3》勿對金融商品有不切實際的報酬期待

　　在 2008 年金融海嘯發生之前，投資環境一片大好，投資 1 年，能夠賺 20%、30% 並不難。有些人也推出保本型的商品，可能是拿 95% 的錢去投資，5% 的錢去買衍生性金融商品選擇權等。如果衍生性商品獲利，會讓整體投資收益上升，因此如果 95% 投資的錢有虧損，它可以拿衍生性商品的獲利去彌補，讓本金做到保本。以前是真的有本金保本的商品，但是現在很難了。

　　也許你遇到過金融從業人員跟你說，定存利率太低，可以買配息又保本的商品，不過這真的是誤會大了。他所說的「保本」跟你想的不一樣，他想銷售給你的是類全委投資型保單，這種

保單是可以月配息沒錯，但是不保證一定會固定配息，保本也不是你想的投資本金的保本。

你可能用 500 萬元買了這種保單，你希望本金不要虧損，每月還固定配息給你。不過這種保單的保本是身故保本，不是生前本金的保本。也就是如果投資人身故，他的受益人可以領到一筆身故給付，而這金額不低於你原本投資的本金，因此號稱保本。但是你買這種保單，就必須額外支出一筆依年齡增加而提高的危險成本，年紀愈大的保戶，危險成本自然就愈扣愈多，保單帳戶價值也會跟著縮水。也有可能你的保單會中途停止，因為萬一投資虧損時，保單的帳戶價值已經不夠支付這危險成本了，保單就會中斷掉了。

相關介紹可以參考我以前寫的文章〈申請房貸來買基金保單，風險可能比獲利還多很多！家庭資產沒有 2 千萬，別下賭注〉（詳見文末 tips 網址或 QR Code）。

另外是保證給付，類全委投資型保單的配息並非 100% 確定，當每單位撥回資產基準日單位淨值低於一定水準時，就沒有資產撥回（即配息）這回事。而且當投資虧損時有可能會用

本金來配息，因此淨值往下掉，你可能賺到配息，但是投入的本金卻虧損。

　　後來業者推出保證給付的商品，當淨值低於配息門檻時，由壽險公司接手，壽險公司保證繼續月月配息。不過羊毛出在羊身上，壽險公司提供保證給付你也要付出成本，從 1 家大型保險公司的 DM 看到，保證給付的費用是 1 年投資標的價值的 1.17%。

　　現在的商品複雜程度愈來愈高，不要聽信從業人員簡單幾句「利息比定存高」、「保本有固定配息」就買了。你應該問清楚幾件事情，例如保本是本金保本嗎？配息有固定配息嗎？以前的商品配息紀錄如何？有配到本金嗎？這幾年來商品淨值的變化如何？

　　辛苦賺錢不容易，千萬不要倉促買商品，否則如果你在投保文件上都簽名了，代表你已經同意接受該產品的投資風險，有任何虧損你都必須承擔。你很難去跟保險公司理論說，從業人員沒有告知風險害你虧錢，因為你也必須為自己的選擇負最大的責任。

tips 相關網站資訊

網站	網址	QR Code
千禧集團違法吸金 遭索賠　法院認投資 人應承擔一半損害	news.ltn.com.tw/ news/society/ breakingnews/2868093	
申請房貸來買基金 保單，風險可能比 獲利還多很多！家 庭資產沒有2千萬， 別下賭注	wealth.businessweekly. com.tw/GArticle. aspx?id=ARTL000139517	

5-10
贈與子女不動產
宜辦理「自益信託」

　　常在報章雜誌上看到新聞，父母把房產贈與給子女，結果子女卻對父母不理不睬、沒盡到奉養的責任，讓父母失望至極。還曾看過一則報導是老翁把房子贈與給兒子，結果兒子卻沒對父親盡到奉養的義務，於是老翁有天就找來怪手，把他送給兒子的透天厝整個鏟平。

　　如果你要照顧兒女，確實是不要這樣直接贈與，要留點後路先照顧好自己，把退休、老年安養都安排好了，再來把部分財產贈與給孩子，且贈與子女的財產不會影響退休安養計畫。

　　應該如何做，才能在贈與不動產給子女的同時，也能夠讓你在贈與完後，仍舊保有財產處分的控制權呢？雖然《民法》有

不孝條款贈與撤銷權（註1），但是這個要經過訴訟，律師費
將是一筆不小的開銷，而且你還不一定會贏。

贈與不動產給子女，會產生2種情況

實務上，如果要贈與不動產給子女，可能會有以下幾種情況：

情況1》房子給子女後，辦理「設定抵押權」

房子給子女後，為了怕子女以後不盡到扶養的責任，有些父
母會去辦理「設定抵押權」。例如父親贈與價值 1,200 萬元
的房子給兒子，設定抵押權額度 800 萬元，變成是兒子對父
親負債 800 萬元。

設定抵押權的目的在確保債權，如果債權已屆清償期而未獲
清償，抵押權人就可以依據《民法》第 873 條規定：「抵押

註1：《民法》第416條規定：「受贈人對於贈與人，有下列情事之一者，贈與人得撤銷
其贈與：①對於贈與人、其配偶、直系血親、3親等內旁系血親或2親等內姻親，有
故意侵害之行為，依《刑法》有處罰之明文者；②對於贈與人有扶養義務而不履行者。
前項撤銷權，自贈與人知有撤銷原因之時起，1年內不行使而消滅。贈與人對於受贈
人已為宥恕之表示者，亦同。」

權人，於債權已屆清償期，而未受清償者，得聲請法院拍賣抵押物，就其賣得價金而受清償。」

抵押權是指債務人將財產做債權擔保，如果逾期不還款，債權人則享有法拍該財產後的優先受償權。這樣設定抵押權的目的是對子女產生一牽制效用，子女可能不敢不盡孝道，或是私下把房子賣了。

不過這其中也存在陷阱，如果父母設定抵押權額度設定太高，萬一父母過世，抵押權額度會變遺產，列入遺產總額中計算遺產稅。如果抵押權額度設定太低，子女可能再去辦二胎貸款，欠下負債等。

情況 2》不動產贈與子女可能會被追討「贈與稅」

有些人贈與房子，是直接買房子登記在子女名下，因為無資金來源證明，無法證明子女是有能力買房的，這樣子就要小心國稅局會認定是贈與，追討贈與稅。

例如國稅局就曾公告一個案子，父親購買預售屋，完工交屋時登記兒了名下，房屋及土地之買賣總價款 3,500 萬元，父

親繳了自備款 1,100 萬元，剩下金額是銀行貸款繳付，再由兒子按期償還銀行貸款及利息。國稅局認為其子剛退伍，收入不高，並無相當資力購置該等不動產，而且也無法提供資金來源證明，最後被國稅局核定以贈與論，被課徵贈與稅近 100 萬元。

另外，如果房子給子女是採用附有負擔的贈與，亦即父母將房子辦貸款後，再連同房貸一併贈與過戶給子女。這樣做的好處是可省下贈與稅，也可一次移轉省下稅務規費。依據《遺產及贈與稅法》第 21 條規定：「贈與附有負擔者，由受贈人負擔部分應自贈與額中扣除。」所以兒子承接的房貸是可以自贈與總額中扣除的，以降低贈與總額，亦即該房子的土地公告現值及評定課稅價值的總和，扣除房貸金額後再據以計算應繳納的贈與稅。

若你要贈與給子女的房子，土地公告現值與房屋課稅現值總計 8,900 萬元，貸款 3,500 萬元，土地增值稅與契稅 280 萬元。這時你要繳的贈與稅額：610 萬元（＝（8,900 萬元－220 萬元贈與免稅額－3,500 萬元貸款－280 萬元土地增值稅及契稅）×15％－125 萬元累進差額），贈與的淨額已

表1 贈與淨額2500萬元以下，稅率為10%
——贈與稅速算公式

贈與淨額（元）	稅率（%）	累進差額（元）
2,500萬以下	10	0
2,500萬1～5,000萬	15	125萬
5,000萬1以上	20	375萬

資料來源：財政部

經扣除貸款金額，所以要繳的贈與稅降低了（詳見表1）。

這時要注意「貸款的額度是多少」？如果以貸款 3,500 萬元，貸款利率 2%、貸款年期 20 年計算，1 個月房貸是 17 萬 7,059 元，1 年是 212 萬 4,708 元，還沒超過贈與免稅額 220 萬元，因此父母可以每年贈與子女 212 萬 4,708 元，讓子女繳房貸。如此就能讓父母贈與房子後，每年分次贈與現金給子女，幫子女繳房貸，可合法節稅。

不過需要注意的是，父母贈與給子女的房產，不能在短期內出售，否則會面臨高額的稅負。依國稅局規定，現在房地合一

稅的稅率認定，以其持有房屋、土地期間長短，會適用不同的稅率：

①持有期間在 1 年以內：45%。
②持有期間超過 1 年、未逾 2 年：35%。
③持有期間超過 2 年，未逾 10 年：20%。
④持有期間超過 10 年：15%。

而如果符合「戶籍登記自住」、「居住滿 6 年」、且「無出租或供營業使用」這些條件，則以後出售可適用 10% 優惠稅率，並享有免稅額 400 萬元。

要贈與不動產給子女，但又怕子女不孝，將來會隨意處分不動產，其實贈與房子後可以這麼做，「父母贈屋給子女後以不動產做自益民事信託」，也就是以父母為受託人，子女為房屋的委託人與受益人，這時候受託人為房屋所有權人，能全權管理處分房產。

辦理信託後房子會被註記為信託財產，如果子女要用房子去辦貸款，銀行一看登記簿謄本房子是信託財產，銀行將不願意

借款。而信託專簿謄本中如果已註明「信託契約載明信託目的包括出售（或處分）」，則委託人已經失去自行出售（或處分）之權利，因此無法買賣。

　　信託分為 2 種：一種是「自益信託」，也就是委託人和受益人是同一人；另外一種是「他益信託」，委託人將信託利益贈與受益人。如果父母自己做的是自益信託，不用繳增值稅贈與稅；但如果是做他益信託（例如委託人是父母，受益人是子女），且委託人在生前就成立信託、把財產轉入信託時，屬於贈與行為，等到信託成立、移轉財產時，就要繳贈與稅增值稅。

辦理不動產自益信託具 2 項優點

　　不動產辦理自益信託有哪些優點？

優點 1》不須繳土地增值稅與贈與稅

　　相關法規如下：

　　①土地增值稅：《土地稅法》第 28-3 條規定：「土地為信託財產者，於因信託行為成立，委託人與受託人間移轉所有

權，不課徵土地增值稅。」

②**贈與稅**：《遺產及贈與稅法》第 5-1 條規定：「信託契約明定信託利益之全部或一部之受益人為非委託人者，視為委託人將享有信託利益之權利贈與該受益人，依本法規定，課徵贈與稅。」同法第 5-2 條規定：「信託財產於下列各款信託關係人間移轉或為其他處分者，不課徵贈與稅：因信託行為成立，委託人與受託人間；信託關係存續中受託人變更時，原受託人與新受託人間；信託關係存續中，受託人依信託本旨交付信託財產，受託人與受益人間……。」

也就是說，「他益信託」的情況下，例如委託人是父母，受益人是子女，受益人跟委託人不同人，就要課贈與稅的；因此，如果我們成立的是委託人和受益人是同一人的自益信託，例如信託的委託人和受益人都是子女，就不用繳贈與稅，而受託人是父母，這時因為是委託人與受託人間移轉所有權，所以不課徵土地增值稅。

優點 2》不動產註明為信託財產，子女無法買賣處分

如果你把不動產贈與給子女，不想讓他們隨便買賣處分的

話，將不動產註記為信託財產就有這樣的作用。當你要買房子時，你一定要先申請土地建物登記謄本，查看產權是否清楚。這時如果發現該產權尚有註記「信託財產內容詳信託專簿」、「委託人某某某」時，應向登記機關申請影印信託專簿（註2），才能知道賣方是現登記名義人（即受託人）或原所有權人（即委託人）。

若賣方是受託人，他是否獲有出售該房地的授權，看信託契約書「信託目的」欄就可以知道；若賣方是委託人，而信託契約已載明信託目的包括出售（或處分），則委託人已經失去自行出售（或處分）之權利。換句話說，以父母當受託人，子女為委託人的自益信託，信託契約也有載明信託目的包括出售（或處分）時，子女就無法出售或處分該不動產了。

前述提到的信託專簿又是什麼呢？信託專簿是信託登記案件影本，地政事務所除了有「登記簿謄本」外，還有「信託專簿

註2：《土地登記規則》第131條規定：「信託登記完畢，發給土地或建物所有權狀或他項權利證明書時，應於書狀記明信託財產，信託內容詳信託專簿。」同法第132條規定：「土地權利經登記機關辦理信託登記後，應就其信託契約或遺囑複印裝訂成信託專簿，提供閱覽或申請複印……。」

謄本」也是公開的資訊，任何人也都可以申請調閱。信託專簿謄本就像一般的土地建物謄本一樣，只要有地號（建號）等基本資訊，就可以申請信託專簿謄本。藉由信託專簿，你就可以知道如果該不動產是信託財產時，與你做交易的賣方是否有權利可以出售該不動產，以避免掉買賣糾紛。

雖然天下父母心，可能都想照顧子女，讓他們過較好的生活，因此會贈與子女財產等。不過最好還是要有完整的規畫，預留後路，先把自己退休養老顧好，再來談照顧子女。不要像前述提到的那些案例，把房產贈與給子女後，結果子女不願意奉養父母，自己的生活就會出問題，無法安心養老。

5-11
善用信託
確保老後生活無虞

金管會在 2015 年發布「信託業辦理高齡者及身心障礙者財產信託評鑑及獎勵措施」，希望鼓勵國內金融業者辦理安養信託服務，以滿足高齡化社會的金融需求。這項獎勵措施從 2016 年開始實施，為期 5 年，正好 2020 年就要到期了。

安養信託是以照顧年長者或身心障礙者之生活為目的，委託人把一筆財產交給受託人管理財產，信託契約訂定這筆財產用於支應其生活、醫療、安養、看護等安養費用，受託人並依信託契約管理財產。

透過安養信託之機制，不僅可以設立一筆專門款項作為養老金，確保未來經濟需求能被滿足。信託財產在法律形式已屬受

託人所有，財產已轉移至受託人信託帳戶，因為與委託人財產分離，如此一來，也可避免老後失智受他人詐騙，財產被騙光。

安養信託推廣仍須努力

照道理說，這樣的安養信託是民眾所需要的，不管是為了保障其未來退休後生活、安養照護、醫療或其他照顧需求，以及財產安全，都很需要成立安養信託，只是根據 2020 年 8 月《經濟日報》的報導，安養信託的推廣碰到瓶頸。

〈銀行不疼民眾不愛　都說信託好為何乏人問津？〉（詳見文末 tips 網址或 QR Code）這篇報導指出，「在信託架構下，銀行眼中只有能『發大財』的保險和基金，『真正的信託業務』卻處於邊陲地帶，分不到銀行內部太多資源。」

因為銀行制度的關係，事實上，理專主要還是在賣基金和保險，因為 1 張保單的佣金，如果是大單，可能可以進帳數 10 萬元，甚至破百萬元；但是信託除了數千元簽約費用外（已有銀行將此費用調高到數萬元，可能也是因為不敷成本的關係），只能收到微薄、約信託資產千分之 2 ～ 5 的管理費。

在另一篇〈高齡者安養信託推不動　人頭客戶多是銀行員〉（詳見文末 tips 網址或 QR Code）文章中也提到：「台灣有超過 366 萬人都符合承作高齡者安養信託資格，然而自辦理評鑑以來，累計到 2020 年第 2 季底，高齡者安養信託受益人數僅 2 萬 5,304 人，比率不到 366 萬人的 1/100。」而誇張的是，該文指出：「很多銀行行員可以自己當客戶，尤其是每逢評鑑必得獎的公股行庫中，不少高齡安養信託的委託人『就是行員自己』，累計到 2020 年第 2 季底的高齡者安養信託，平均信託資產規模只有 102 萬 9,800 多元。」

什麼？為了得到評鑑的獎勵，銀行行員居然要自己當委託人成立安養信託，台灣信託為何沒人要推銷？信託推廣碰到什麼問題？有金融業者認為說，因為銀行全力在拼財富管理業務，信託對它們來說只是兼營的業務，銀行根本不重視真正的信託業務。台灣應該有專職信託公司，才能真正把信託推廣出去。

從前述可知，台灣目前的現況是民眾需要信託，但是信託業務在現行銀行兼營信託業務，資源都被財管部門占用，信託成附屬或金錢信託下單單位，難以有效及有創意發展。因此，金管會也在研議成立專營信託公司的可行性，包括現行最低資本

額要求 20 億元，以至於限縮信託的發展，專營信託公司的資本額及可營業範圍也將列入討論。

說實在話，今天如果你到銀行櫃檯，你跟他們說你有一筆 800 萬元，想要成立安養信託，你可能會得到以下幾種答覆：

1. 您確定要成立信託嗎？程序滿複雜的，您可以考慮買 1 張保單，它可以增值，也可以照顧您一輩子，您其實不用那麼麻煩去成立信託。

2. 您其實不用做得那麼複雜，您可以買 1 個固定配息的基金，每個月配息給你，就可以達到照顧您老年生活的目的了。

現在去銀行說要辦理信託，你可能會得到一些答非所問的回答。這不能怪這些行員，因為現實的考量下，他們只能推銷你基金、保單等，比較能達成業績目標，何苦向你介紹對他們沒有實質好處的信託？辦理信託，銀行主要會收 2 種費用：

1. **設立費**：以前有些項目像保險金信託，因為相對簡單，銀行可能才收去數千元的設立費，現在有些銀行信託設立費都

調整到數萬元之譜了。

2.**信託資產管理費**：一般是每年收信託資產的千分之 2 ～
5。如果像上面報導所説信託資產平均才 103 萬元，那銀行
的信託資產管理費只能收到 2,000 多元，根本不敷成本，因
此多數銀行會有最低收費標準。

更現實的是，信託是很專業的項目，許多金融從業人員可能
也不了解，他們當然不樂意介紹這種需要花費很長時間解説的
項目，對他們的業績也沒有多少幫助。

信託分為「營業信託」與「民事信託」

一般印象中，成立信託要找銀行信託部，其實信託種類分為
「營業信託」與「民事信託」（詳見表 1）：營業信託是受託
人將信託財產的管理、處分作為營業，而接受不特定對象及大
眾的委託提供信託服務；民事信託不是以營業方式接受信託，
民事信託的受託人也可以是自然人，並不一定要找信託業者當
受託人不可，例如將不動產信託登記在親人、配偶、朋友等個
人的名下，它的受託人个是銀行信託部，而是一個白然人。

民事信託有一個優點是，受委託的個人比較了解委託人的心願和受益人的需要，信託靈活度較高，可隨時依委託人的需求或受益人的需要，機動調整變化；缺點是因為受託人是自然人，有可能因為疾病意外等身故，導致必須要更換受託人。

例如《信託法》第 21 條規定：「未成年人、受監護或輔助宣告之人及破產人，不得為受託人。」同法第 22 條規定：「受託人應依信託本旨，以善良管理人之注意，處理信託事務。」可見《信託法》中，原本就不排除個人可以擔任信託的受託人。

但是為什麼現在成立信託，還是習慣只找銀行信託部？因為設立的資本額太高。《信託業設立標準》第 3 條規定：「申請設立信託公司，其最低實收資本額為新台幣 20 億元，發起人及股東之出資以現金為限。」

另外，有些信託事務僅能由信託業者辦理，僅有由「信託業者」擔任受託人時，才可接受不特定多數人的委託業務（註1）。

什麼情況下，你會需要信託？情況有很多種，例如夫妻感情

表1 營業信託不易有更換受託人的問題
──營業信託vs.民事信託

信託種類	受託人	法律規範	監管機關	受託人永續性
營業信託	銀行信託業者	《信託法》+《信託業法》+「信託業相關規範」	金融監督管理委員會及相關目的主管機關	法人不易有更換受託人的問題
民事信託	個人	《信託法》	法院	容易面臨需要更換受託人的問題

資料來源：信託公會

不佳，太太有頗多資產，像是不動產、現金、保險等，如果沒有任何安排，太太擔心自己身故後，也許先生拿了財產不照顧小孩，因此想事先成立信託，萬一身故繳完遺產稅、分配完遺產後。給子女的財產還是留在信託內，每月給付生活費給子女，即使子女年幼、先生是監察人，但是他也不能拿走信託內

註1：《信託業法》第33條規定：「非信託業不得辦理不特定多數人委託經理第16條之信託業務。但其他法律另有規定者，不在此限。」其中同法第16條之信託業務包括金錢之信託、金錢債權及其擔保物權之信託、有價證券之信託、動產之信託、不動產之信託等，共10項。

屬於子女的財產。信託可以約定當子女長大成人後,信託結束財產還給子女,讓其自己管理,但是在他們成年前,財產放在信託內,能夠避免財產被侵占或濫用。

或是家中有身心障礙的子女需要照顧,擔心自己老後可能會失能失智,無法管理自己的財產,因為擔心留下過多的財產,子女沒有管理能力,財產可能很快被揮霍光等,這些不同的狀況,透過信託可以事先做好妥善的安排。

一般而言,信託的功能有很多,大方向就是照顧自己與照顧他人:照顧自己即安養信託,你希望老了之後萬一失能、失智,有人可以照顧你,讓你的財產有保障。透過信託機制,可以避免他人惡意奪產或詐騙;照顧他人即為了照顧別人而設立的信託,最常見下列 6 種:

1. **身心障礙子女信託**:信託可延續你照顧子女的心願,持續照顧你的子女。

2. **頂客族信託**:避免配偶一方先離開,可以用信託財產來照顧生存的配偶。

3. **單身貴族信託**：避免身後無人繼承，遺產可放信託內，照顧想照顧的人，或是做公益。

4. **子女照護信託**：保護子女免於因為婚姻、債務、法律風險等問題，導致喪失大部分財產，無法照顧自己。

5. **單親家庭信託**：財產或保險給付可放入信託，萬一有風險可以信託來完成，繼續照顧子女的目的。

6. **遺產傳承信託**：你希望身故後依照你的意願來分配你的財產，或持續照顧 2、3 代及之後的子孫，信託讓你可以達到財產傳承、企業永續等目的。

辦理信託應留意 4 重點

現階段，如果你了解到信託的重要性，你可以怎麼做？幾項重點提供你參考：

重點 1》檢視財務狀況，確認是否有信託的需求

信託不是有錢人的專利，信託也不是有錢或沒錢的問題，

而是你有沒有可能碰到這些狀況，需要用信託做規畫。

　　例如一個單親父親替子女安排投保不少保單，心想萬一自己出事，那些理賠金額足夠讓子女生活無虞。殊不知他缺乏全面考量可能的情況與風險。例如自己身故後誰會是子女的監護人？監護人面對這些鉅額保險金，他可以動用這筆錢，你可以確定他會好好照顧你的子女？

　　或許你可以成立信託，屆時將理賠金放入信託，按月撥生活費給子女。即使監護人居心不良，他也無法動用到整筆的理賠金，你可以思考一下自己或家庭整體的狀況，萬一風險發生時，如何更周全去保障你想要照顧的人？利用信託就是一個好方法。

　　另外，常看到高資產族群，企業經營相當成功、生財有道，累積不少資產，但是對身後事的安排，卻從不做事先規畫。沒有立遺囑、企業沒有接班計畫，所有資產的種類、金額，放在哪些地方，這些資料只有企業主清楚。

　　因為企業主不會把這些資訊記錄下來，也未必會告訴枕邊

人，萬一他不幸身故，子女為了繼承就會吵翻天，而這些事情其實是可以好好事先安排的。你該思考的是，怎麼讓自己辛苦打拼留下的財產，不會因為子女不善於理財而消失殆盡？可以照顧到 3 代～ 4 代，甚至更後代的子孫，利用家族信託讓企業可以永續傳承，不再「富不過三代」。

重點 2》利用金融工具槓桿效果增加信託財產規模

設立信託的成本是設立費及管理費，信託業者可能一次收取數萬元到數十萬元不等的設立費，信託資產管理費則是每年收取信託資產的千分之 2 ～ 5。這可能讓你覺得成本不低，不過你更應該考量的是，你在信託內需要多少財產，才能達到你信託的目的。

例如，你希望以後讓子女每個月有 3 萬元的生活費、持續 20 年，假設信託財產可以投資一些穩定的投資標的、每年有 2% 的年報酬率。你在設立信託當時，你需要至少放入的錢是 593 萬 221 元。

但是如果沒有這麼多錢，可以怎麼做？你可以利用保險的槓桿原理，買 1 份 500 萬元保額的保險，以你為被保險人，萬

一身故此筆理賠金將進入信託變成信託財產。再依信託條款，每月給付生活費來照顧子女，除了壽險外，你可以附加意外險，100 萬元的意外險保費 1 年約 700 元～ 1,200 元（保費依被保險人工作性質會有變化，職業風險高保費會較貴），利用意外險保費低廉的特性來加大槓桿效果（詳見表 2）。

重點 3》以財務規畫為基礎，進行全盤考量

不管是出於什麼原因要成立信託，你都應該知道，成立信託不是在買一項商品，它應該是你個人家庭整體財務規畫的其中一環。

你需要多方面考量，例如你成立信託的目的是什麼？信託怎麼完成你想做的事？你有多少財產可以放進信託？這些信託財產如何做投資運用？怎麼確保信託有按照你設立的宗旨在運作？你需要設立一個信託監察人，來監督信託的運作嗎？

如果身後才把財產放入信託，是否要先寫好遺囑，訂定遺產分配給誰？什麼財產及多少財產進入信託？為了減少以後的爭議，遺囑是否需要請律師寫代筆遺囑？是否需要見證人？有許多方面需要考慮。

表2 利用保費低廉的特性，加大槓桿效果
——保險的槓桿原理

項次	險種	繳費年期	年繳保費
1	1年期保障定期壽險	每年續保，保費可能每年調高	1萬3,000元
2	20年期定期壽險	20年	3萬5,500元
3	終身壽險	20年	19萬5,650元

註：1.保額皆為500萬元；2.保費數據出自保險試算網站，各家保費可能有所不同

所以說，完整的信託需要以財務規畫為基礎，再結合法律、稅法、信託等做全盤考量。

重點4》尋找合適的人為你規畫信託

既然信託規畫需要有這麼多方面的專業，建議你找有財務規畫實務經驗及專業的財務顧問，來諮詢信託相關的事情。

成立信託絕對不是像買基金、保險等商品一樣的簡單，如果顧問能夠知道你的財務狀況，及你需要藉由信託達到什麼目的，他可以站在你的立場為你做適當的規畫，而不是只是在銷售你商品而已。

如果要找財務顧問，可以找具有「認證理財規劃顧問」（CFP®）證照的持證人，或者也可以參考相關網站，像是社團法人台灣理財顧問認證協會、台灣理財規劃產業發展促進會（TFPA）、明智理財網，以上都提供了理財規畫相關資訊可供參考（詳見文末 tips 網址或 QR Code）。

💡tips 相關網站資訊

網站	網址	QR Code
銀行不疼民眾不愛都說信託好為何乏人問津？	money.udn.com/money/story/5617/4801536	
高齡者安養信託推不動人頭客戶多是銀行員	money.udn.com/money/story/5617/4801543	
社團法人台灣理財顧問認證協會	www.fpat.org.tw/	
台灣理財規劃產業發展促進會（TFPA）	www.cfp-tfpa.org.tw/	
明智理財網	ifa-cfpsite.com/	

國家圖書館出版品預行編目資料

富足一生的理財必修課：從小資存錢到財產傳承的
完整規畫 ／ 廖義榮著. – 一版. – 臺北市：Smart智
富文化, 城邦文化, 2020.11
　面；　公分
ISBN 978-986-98797-8-1(平裝)

1.理財 2.投資 3.生涯規畫

563　　　　　　　　　　　　　　　109015313

Smart 智富

富足一生的理財必修課
──從小資存錢到財產傳承的完整規畫

作者	廖義榮
商周集團	
榮譽發行人	金惟純
執行長	郭奕伶
總經理	朱紀中
Smart 智富	
社長	林正峰（兼總編輯）
出版	Smart 智富
地址	104 台北市中山區民生東路二段 141 號 4 樓
網站	smart.businessweekly.com.tw
客戶服務專線	（02）2510-8888
客戶服務傳真	（02）2503-5868
發行	英屬蓋曼群島商家庭傳媒股份有限公司城邦分公司
製版印刷	科樂印刷事業股份有限公司
初版一刷	2020 年 11 月
ISBN	978-986-98797-8-1

定價 380 元
版權所有　翻印必究
Printed In Taiwan
（本書如有缺頁、破損或裝訂錯誤，請寄回更換）

為了提供您更優質的服務，《Smart智富》會不定期提供您最新的出版訊息、優惠通知及活動消息。請您提起筆來，馬上填寫本回函！填寫完畢後，免貼郵票，請直接寄回本公司或傳真回覆。Smart傳真專線：（02）2500-1956

1. 您若同意 Smart 智富透過電子郵件，提供最新的活動訊息與出版品介紹，請留下
   電子郵件信箱：＿＿＿＿＿＿＿＿＿＿＿＿＿＿＿＿＿＿＿＿＿

2. 您購買本書的地點為：□超商，例：7-11、全家
   　　　　　　　　　　□連鎖書店，例：金石堂、誠品
   　　　　　　　　　　□網路書店，例：博客來、金石堂網路書店
   　　　　　　　　　　□量販店，例：家樂福、大潤發、愛買
   　　　　　　　　　　□一般書店

3. 您最常閱讀 Smart 智富哪一種出版品？
   □ Smart 智富月刊（每月 1 日出刊）　　□ Smart 叢書　　□ Smart DVD

4. 您有參加過 Smart 智富的實體活動課程嗎？　□有參加　　□沒興趣　　□考慮中
   或對課程活動有任何建議或需要改進事宜：
   ＿＿＿＿＿＿＿＿＿＿＿＿＿＿＿＿＿＿＿＿＿＿＿＿＿＿＿

5. 您希望加強對何種投資理財工具做更深入的了解？
   □現股交易　　□當沖　　□期貨　　□權證　　□選擇權　　□房地產
   □海外基金　　□國內基金　　□其他：＿＿＿＿＿＿＿＿＿＿＿

6. 對本書內容、編排或其他產品、活動，有需要改善的事項，歡迎告訴我們，如希望 Smart
   提供其他新的服務，也請讓我們知道：
   ＿＿＿＿＿＿＿＿＿＿＿＿＿＿＿＿＿＿＿＿＿＿＿＿＿＿＿
   ＿＿＿＿＿＿＿＿＿＿＿＿＿＿＿＿＿＿＿＿＿＿＿＿＿＿＿

您的基本資料：（請詳細填寫下列基本資料，本刊對個人資料均予保密，謝謝）

姓名：＿＿＿＿＿＿＿＿＿　　性別：□男　□女

出生年份：＿＿＿＿＿＿＿　　聯絡電話：＿＿＿＿＿＿＿＿＿

通訊地址：＿＿＿＿＿＿＿＿＿＿＿＿＿＿＿＿＿＿＿

從事產業：□軍人　□公教　□農業　□傳產業　□科技業　□服務業　□自營商　□家管

您也可以掃描右方 QR Code、回傳電子表單，提供您寶貴的意見。

想知道 Smart 智富各項課程最新消息，快加入 Smart 課程好學 Line@。

● 填寫完畢後請沿著右側的虛線撕下。